Grenade
et l'Alhambra

Texte
Rafael Hierro Calleja

Traducteur
Françoise Souchet (la Maison de France)

Photographies
Ángel Sánchez. - Miguel Sánchez
Javier Algarra - Guido Montañés - J. Voigtländer

Ediciones Miguel Sánchez

© **Editions Miguel Sánchez :** Marqués de Mondéjar, 44. Granada
Texte : Rafael Hierro Calleja
Photographies : Ángel Sánchez, Javier Algarra, Guido Montañés y J.Voitgtländer
Traducteur : Françoise Souchet (La Maison de France)
Révision et coordination : Equipe éditoriale des Editions Miguel Sánchez
Texte des motifs géométriques (Décoration et ornementation II) : Antonio Marín
Dessin et maquette : Paqui Robles (Bitono)
Montage : Yasmina Jiménez et Paqui Robles (Bitono)
Plans de la ville : Antonio Marín
Dessins des Palais Nasrides et du Generalife : Antonio Mesamadero
Carte de la Province : Pilar Campos Fernández Fígares
Photomécanique : Société Panalitos. (Grenada)
Impression : Grefol, S.L., Móstoles (Madrid)

ISBN: 84-7169-086-1
Depósito legal: GR - 415 / 2005

Index

Du Monastère de la Cartuja à celui de San Jerónimo

Autres lieux et promenades

La Province

Présentation et contenu du guide

Visiter, parcourir, connaître Grenade, voilà des décisions qui ne pourront qu'apporter plaisir et jouissance au voyageur ou au Grenadin. Le livre **Grenade et l'Alhambra** a été conçu pour accompagner tout au long du chemin celui qui nous visite, mais aussi, pourquoi pas, pour aider l'habitant de Grenade curieux de l'Histoire et de l'Art, à mieux comprendre les images qui imprègnent chaque jour sa rétine.

Il est possible qu'en regardant quelque chose, nous ne connaissions pas son passé, que nous ne voyions pas le détail, que nous n'ayons pas choisi la meilleure perspective, heure, journée ou saison. Avec ce livre, nous avons voulu vous aider à regarder et à mieux comprendre ce que l'on voit. Pour ce faire, le lecteur trouvera, en six chapitres, des parcours dans la ville, à l'Alhambra et dans la province. Un plan général et des plans de zones vous aideront à vous situer. Plusieurs articles monographiques intercalés dans les chapitres apportent des précisions concernant les techniques de décoration musulmane et présentent quelques personnages qui ont influencé l'histoire de Grenade.

Le chapitre sur **l'Alhambra** qui représente plus du tiers du livre, permettra de mieux connaître et explorer le monument le plus emblématique de la ville. L'histoire des Musulmans et de l'intervention chrétienne s'unissent en un minutieux parcours à travers ses jardins et son architecture.

Depuis la colline de l'Alhambra on peut accéder à celle de **l'Albaicin.** Dans ces pages sont décrits le Bas-Albaicin, le Sacromonte et le Haut-Albaicin à travers des parcours dans des ruelles étroites et pentues, parsemées d'édifices singuliers. *Carmens* et miradors se succèdent, nous offrant une vue inoubliable de la majestueuse Alhambra et du fleuve Darro qui sépare ces deux collines.

Dans le chapitre suivant, nous descendons vers la partie plate de Grenade pour visiter **La Cathédrale et ses environs.** Textes et photos se fondent pour nous aider à parcourir cet ensemble si caractéristique et spectaculaire, avec un arrêt obligatoire dans ses deux joyaux architecturaux : la Cathédrale et la Chapelle Royale. Nous découvrirons aussi de nombreux autres lieux et monuments comme l'*Alcaicería, la Madraza,* le *Corral del Carbón,* la Place *Bibrambla...* Nous sommes au cœur de la Grenade du XXIe siècle, marquée par l'Histoire.

Au nord-est, s'étend un large déploiement d'églises et de monastères auxquels nous avons dédié un chapitre : **Du monastère de *la Cartuja* à celui de *San Jerónimo*.** Alors que le monastère de *la Cartuja* est le plus éloigné de la cathédrale, la majorité des autres monuments religieux et civils décrits se situent à moins de cinq cent mètres de la cathédrale, et il est donc possible de les visiter en moins d'une demi journée.

Il existe d'autres lieux dans la ville, non présentés dans ces chapitres, que nous devrions voir si nous en avons le temps. Le chapitre **Autres coins et chemins** leur est dédié, ce chapitre inclut également en épigraphe spécial, une sélection de musées et maisons-musées des plus intéressante.

Et cet agréable entretien avec le lecteur se termine en lui ouvrant la fenêtre sur **la Province.** Les images de ces pages prétendent faire découvrir ces paysages, cette lumière, et ces sites si tranquilles, que l'on ne peut manquer d'aller visiter.

Finalement, en tant qu'éditeur, nous aimerions, à travers ce livre, contribuer à ce que la rencontre entre le lecteur et Grenade laisse une trace indélébile.

L'équipe de l'édition.

"Rendición de Granada", œuvre de Francisco Pradilla.

Un peu d'Histoire

A l'aube des temps, les terres de Grenade et de sa province étaient habitées par des tribus ibériques, comme en fait foi la découverte de "la Dama de Baza", joyau de l'art ibérique. Plus tard, les Phéniciens fondèrent sur la côte les colonies de "Salubinia" (Salobreña) et "Sexi" (Almuñecar). Il existe peu d'indices sur le passé de la culture grecque, contrairement à la culture romaine qui nous a laissé de nombreux vestiges. Il semblerait qu'au départ il y avait un noyau de population, appelé Elíberris (Ilíberis-Ilbira-Elvira), situé dans la vallée du Darro sur la colline de l'actuel Albaicin et qui donnait son nom à toute la région. Avec la christianisation d'Ilíberis par saint Cecilio au Ier siècle, un siège épiscopal y fut fondé où se célébra au IVe siècle "Le concile d'Elvira", le premier qui eut lieu dans la Péninsule.

Lorsque les Musulmans conquirent la Péninsule, il existait trois importants noyaux de populations sur le territoire : deux romano-goths, "Iléberis", déjà citée, et "Castilia", au pied de la Sierra Nevada ; le troisième noyau était juif, "Garnatha Alyehud", au pied des "Tours Vermeilles". C'était plutôt un faubourg d'Ilíberis. Dans un premier temps, les Musulmans occupèrent Castilia, la nommant "Medina Ilbira" (Medina Elvira), la capitale d'Elvira, et ils appelèrent le noyau voisin de la colline du Darro "Grenade". Au début du XIe siècle, Zawi Ibn Zirí transféra sa cour et la capitale de son royaume, qui était à Medina Elvira, sur la colline de l'actuel Albaicin où se trouvait l'ancienne Ilíberis. C'est à ce moment-là qu'on considère que Grenade est née pour l'histoire.

On peut beaucoup écrire sur les années pendant lesquelles les peuples musulmans occupèrent la Péninsule Ibérique ; en effet cela représente presque huit siècles. Cependant, en ce qui concerne l'histoire de Grenade, il y a deux périodes bien concrètes à détacher et qui correspondent aux deux dynasties qui régnèrent dans cette ville : la dynastie des Zirides (1013-1090) et la dynastie Nasride (1238-1492). Les Zirides parce qu'ils la construisirent et la fondèrent comme royaume indépendant et les Nasrides parce qu'ils furent la dernière monarchie musulmane régnante en Espagne, conservant la capitale à Grenade, leur joyau le plus précieux. Par ailleurs, à l'époque médiévale nasride, la ville s'agrandit et se développa plus que jamais.

Le Royaume Nasride de Grenade, avec une population supérieure à 400 000 habitants, s'étendait de Cabo de Gata à Gibraltar, incluant les actuelles provinces d'Almeria, de Grenade, de Málaga, une partie de Cadiz et de Jaén. La Grenade Nasride ne fut pas un empire dominateur et fort comme celui de Cordoue mais un royaume assiégé, qui depuis son origine dut payer des tributs à la puissante couronne castillane et qui, consciente de sa faiblesse, trouva toujours un appui dans l'amitié vouée à ses ennemis. Paradoxalement, et comme contrepoids à cette faiblesse militaire, Grenade fut un royaume intellectuellement et culturellement fort, renfermant de grands poètes, des artistes et des penseurs. Pendant cette période, la ville s'élargit et croît plus que jamais puisque viennent y habiter des Musulmans d'Ubeda, Baeza, Antequera et d'autres populations. Selon certains historiens, Grenade en est même arrivée à compter quelque 50000 habitants. On y construisit non seulement l'Alhambra mais aussi des mosquées, des palais, des hôpitaux et même une Université.

Avec la conquête de Grenade par les Rois Catholiques, le 2 janvier 1492, débuta l'ère chrétienne. Une nouvelle période de splendeur pendant laquelle les nouveaux rois chrétiens allaient choyer la ville jusqu'à satiété. Ainsi donc, ce n'est pas en vain que leur conquête de la ville mit fin à la longue période de la Reconquête. Pour réaffirmer le triomphe de la religion catholique sur l'Islam, un grand nombre d'églises, de couvents et de monastères furent édifiés à Grenade. Dans les premières années, sous les règnes des Rois Catholiques et de l'empereur Charles Quint, les grands monuments chrétiens de la ville furent construits : Chapelle Royale, Cathédrale, Couvent de Santa Isabel la Real, Université, Palais de Charles Quint, Monastère de San Jerónimo... qui correspondent au gothique tardif et à la Renaissance. Pendant cette période, des artistes de la taille de Siloé, Egas ou Machuca viendront travailler à Grenade.

S'il est vrai que dans les premières années qui suivirent la conquête, les Chrétiens vainqueurs surent coexister avec les Juifs et les Maures ; avec le temps, les positions idéologiques des vainqueurs se radicalisèrent, limitant de plus en plus aux populations des autres religions les droits qu'on leur avait accordés au départ. Cela se traduisit par l'intolérance à l'égard des Juifs, qui furent expulsés, alors que les Maures étaient tolérés. Pourtant, à la fin du XVIe siècle, sous le règne de Philippe II, il se produisit une totale mutilation des droits des Mauresques, auxquels on fit payer des impôts, en plus de la grande intolérance par rapport à leurs coutumes, ce qui provoqua la sanglante "Rébellion mauresque" ou "Guerre des Alpujarras" (1568-1571). Les Mauresques furent vaincus puis expulsés au cours du règne de Philippe III. Cela supposa une énorme récession économique, dans l'agriculture et l'artisanat à niveau national, mais surtout à Grenade, du fait de l'énorme influence qu'ils exerçaient là.

A l'époque Baroque et post-Baroque, XVIIe et XVIIIe siècle, Grenade va vivre un nouvel essor architectural. C'est l'époque des monuments comme le monastère de *la Cartuja*, les basiliques de *San Juan de Dios* et de la *Virgen de las Angustias*, ou encore l'Eglise *du Sagrario*. Apparaît une nouvelle pléiade de grands artistes, qui vont créer une école dans et hors la ville : Alonso Cano, Pedro de Mena, José Risueño, los Mora...

Le début du XIXe siècle sera marqué par le déclin dû à l'invasion napoléonienne qui détruisit une partie des richesses monumentales de la ville. En 1829, l'écrivain américain Washington Irving vint à Grenade et écrivit les "Contes de l'Alhambra". La ville émergea de nouveau. Une multitude d'écrivains, d'artistes et de voyageurs romantiques comme Dumas, Daumier, Delacroix, David Roberts... vinrent à Grenade, attirés par ses légendes et l'immortalisèrent, lui donnant une dimension universelle.

Avec la venue de la reine Isabelle II, en 1862, et le couronnement du poète José Zorrilla dans le palais de Charles Quint en 1889, Grenade connaît un nouvel essor, et prend des mesures pour la restauration de l'Alhambra qui finalement, ouvrira ses portes au public avec don Alfonso XIII. Dès lors Grenade verra grandir toujours plus sa réputation, spécialement pendant la "Génération de 27" avec Federico García Lorca, Manuel de Falla, Pablo Neruda, Salvador Dalí ou encore Juan Ramón Jiménez, qui l'ont élevée à la cime des villes artistiques, littéraires et musicales, pas seulement d'Espagne, mais aussi du monde.

[1] Au début, les Rois Catholiques acceptèrent les pratiques religieuses des Musulmans vaincus, qui en échange payaient un tribut. Mais peu après, ils les obligèrent à adopter la religion catholique. Ces nouveaux Chrétiens, Musulmans récemment baptisés et convertis au christianisme étaient connus comme les Mauresques. Au baptême, ils recevaient des noms chrétiens bien que dans la plupart des cas, leur christianisme ne fût qu'apparent, car ils continuaient à vivre suivant les coutumes musulmanes.

L’Alhambra

MONOGRAPHIES

PLAN DE L'ALHAMBRA ET

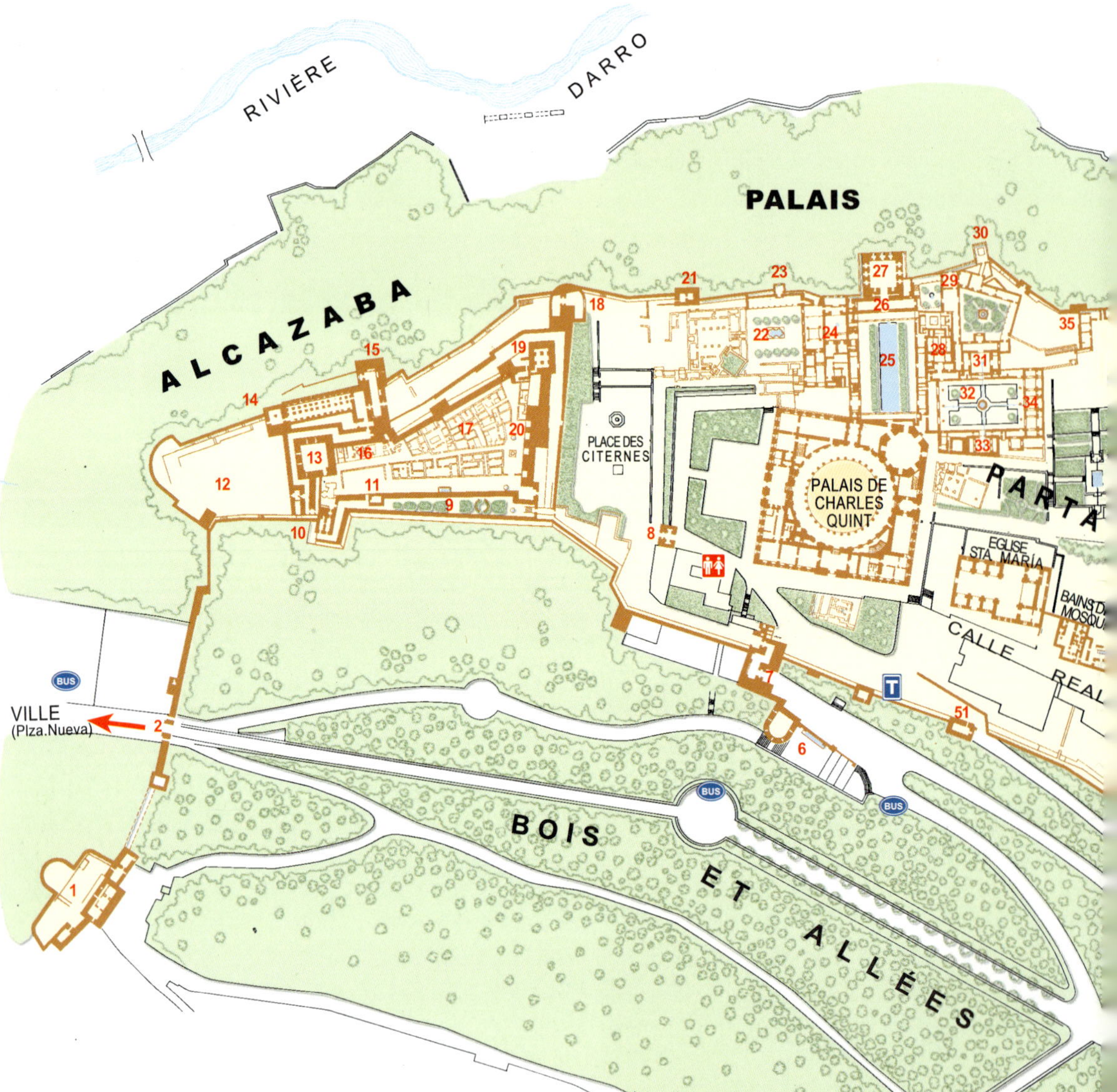

MONUMENTS ET RECOINS LORS DE LA MONTÉE

1.- Tours Vermeilles.
2.- Porte des Grenades.
3.- Fontaine de la Tomate.
4.- Monument dédié à Angel Ganivet.
5.- Fontaine du Poivron.
6.- Fontaine de Charles Quint.
7.- Porte de la Justice.
8.- Porte du Vin.

ALCAZABA

9.- Jardin du Chemin de Ronde.
10.- Tour de la Sultane.
11.- Tour de la Poudre.
12.- Bastion.
13.- Tour de la Vela.
14.- Tour des Hidalgos.
15.- Tour et Porte des Armes.
16.- Bains de L´Alcazaba.
17.- Quartier militaire.
18.- Tour du Cube.
19.- Tour de l'Hommage.
20.- Tour Fendue.
21.- Tour des Poules.

PALAIS

22.- Cour de Machuca.
23.- Tour de Machuca.
24.- Mexuar.
25.- Cour des Myrtes.
26.- Salle de la Barca.
27.- Salon des Ambassadeurs.
28.- Bains royaux.
29.- Appartements de l'Empereur.
30.- Boudoir de la Reine.
31.- Salle des deux Soeurs.
32.- Cour des Lions.
33.- Salle des Abencérages.
34.- Salle des Rois.

DU GÉNÉRALIFE

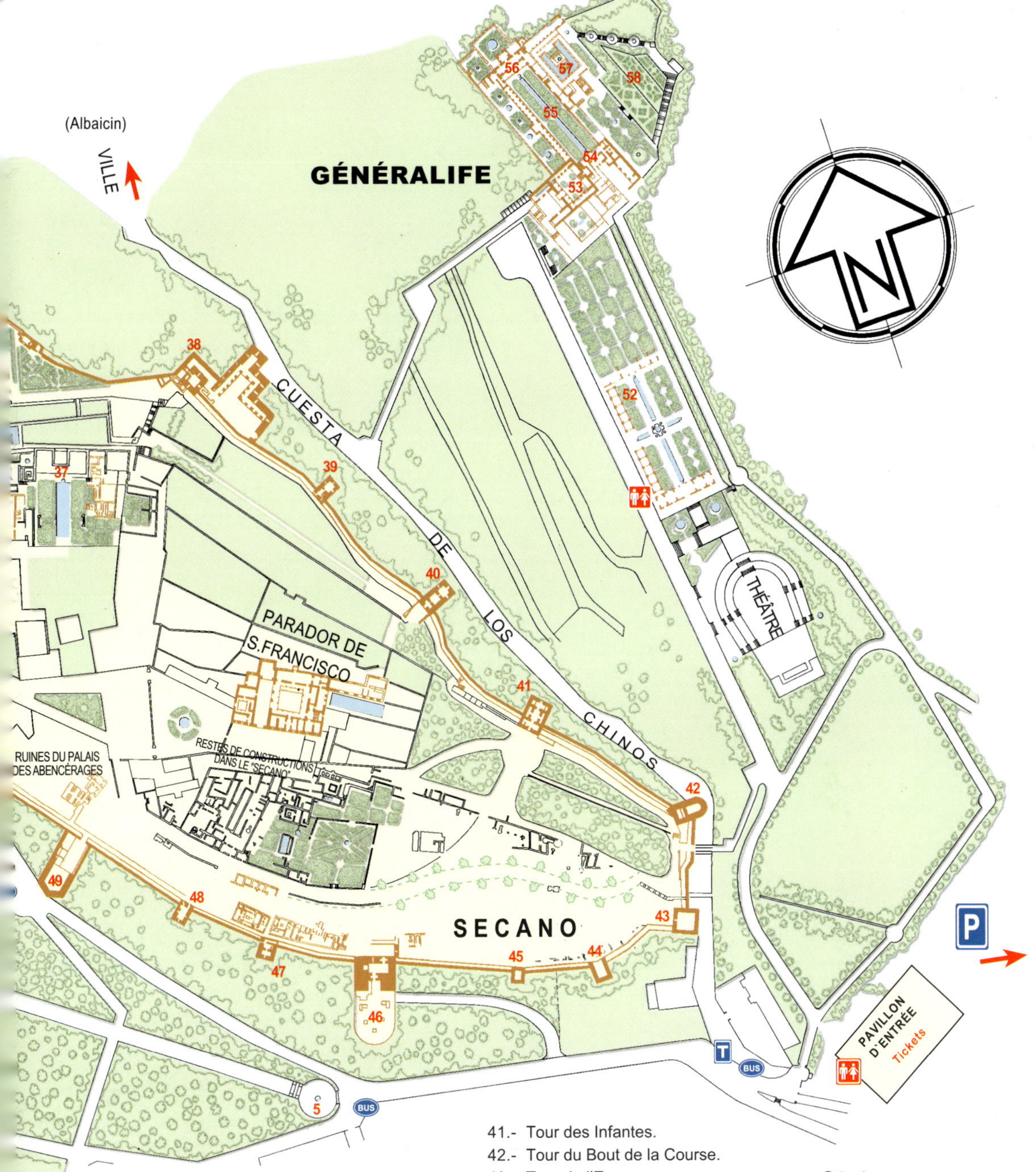

PARTAL ET TOURS DE LA MURAILLE

35.- Maisons du Partal.
36.- Tour des Dames.
37.- Vestiges du Palais de Yusuf III.
38.- Tour des Pics.
39.- Tour du Cadi.
40.- Tour de la Captive.
41.- Tour des Infantes.
42.- Tour du Bout de la Course.
43.- Tour de l'Eau.
44.- Tour de Juan de Arce.
45.- Tour de Baltasar de la Cruz.
46.- Tour des Sept Etages.
47.- Tour du Capitaine.
48.- Tour des Sorcières.
49.- Tour des Têtes.
50.- Tour des Abencérages.
51.- Porte des Chars.

GÉNÉRALIFE

52.- Nouveaux Jardins.
53.- Cour de Polo.
54.- Pavillon Sud.
55.- Cour de "la Acequia".
56.- Pavillon Nord.
57.- Cour de la Sultane.
58.- Jardins du haut.

Situation des différentes zones du monument : parcours du livre

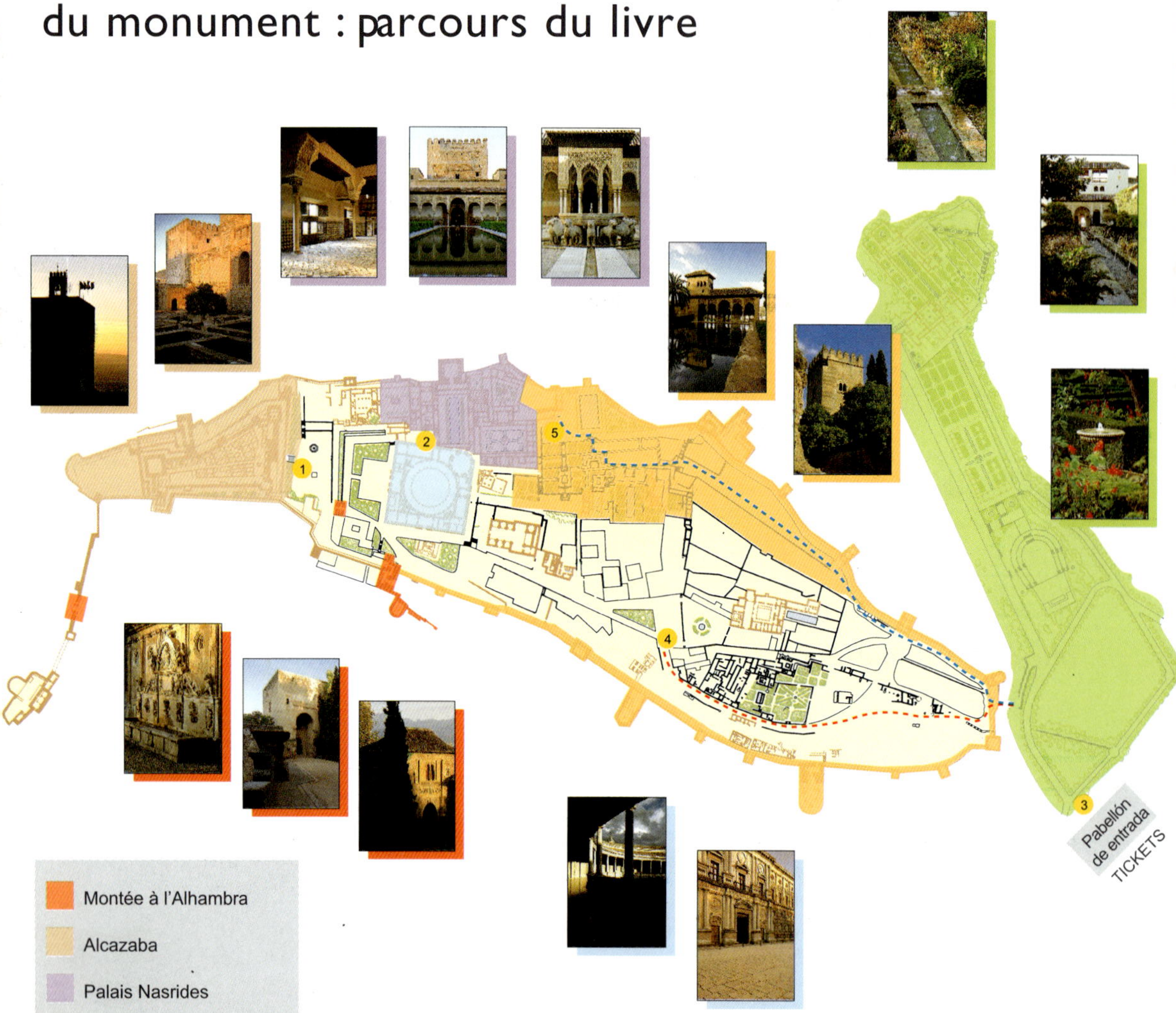

- Montée à l'Alhambra
- Alcazaba
- Palais Nasrides
- Partal et Tours
- Palais de Charles Quint
- Généralife

INFORMATION UTILE :

Le billet d'entrée permet d'accéder à trois zones indépendantes du monument.

1. ALCAZABA : on y accède par le côté ouest de la **Place des Citernes** (n° 1), esplanade située à côté de la Porte du Vin.
2. PALAIS : L'entrée se trouve face au côté nord du **Palais de Charles Quint** (n° 2) .
A la sortie, auprès des Palais, se trouvent le Partal et les Tours.
* L'heure d'entrée à cette partie du monument est indiquée sur le billet.
3.GÉNÉRALIFE : il y a plusieurs accès possibles. L'entrée principale se trouve à côté du **Pavillon d'entrée** (n° 3) ; on peut également y accéder depu le point de contrôle situé auprès du parador de San Francisco, en traversant le Secano (n° 4) ; la dernière possibilité est d'emprunter l'itinéraire entr le **Partal et des Tours** (n° 5), jusqu'au bout.

Chemin du Secano
Itinéraire du Partal et des Tours

l'Alhambra vue depuis l'Albaicin

Introduction

L'Alhambra, construit par les rois nasrides, fut dès la première période de domination musulmane "une véritable cité fortifiée".

blason des rois nasrides

Presque tous les visiteurs qui viennent à Grenade et visitent pour la première fois l'Alhambra se posent les mêmes questions : que veut dire "Alhambra", qu'est-ce que c'est, qui l'a fait construire, pour quelles raisons... ? Questions qui se multiplient lorsque, une fois à l'intérieur, et déjà émerveillés par sa beauté, on parcourt un peu perdus les recoins de ce monument. C'est la raison pour laquelle les pages d'un bon livre s'avèrent nécessaires pour nous aider à trouver les réponses à ces questions et à toutes celles qui surgiront.

Le nom *Alhambra* vient du mot arabe *qalat-al-hamrá*, qui signifie "rouge", "château rouge", ou "vermeil". Une première théorie proche de cette explication se baserait sur la couleur rougeâtre des matériaux ferrugineux utilisés lors de sa construction, en grande partie faite de murs de torchis. Cependant, actuellement, on pense que les murs de l'Alhambra étaient blancs comme ceux du Généralife et les maisons de l'Albaicin, et que la couleur rouge proviendrait, comme le dit le chroniqueur arabe Ibn Al-Jatib, de l'éclat des torches à la tombée de la nuit, lesquelles donnaient à ces murs une teinte spéciale. Ce furent donc les habitants du quartier voisin de l'Albaicin et de la Vega qui lui donnèrent ce nom.

Cette introduction se veut être une première approche qui nous aidera à comprendre cet ensemble monumental, "joyau" de l'architecture arabe. Il fut construit par les émirs nasrides du Royaume de Grenade pendant la dernière période de domination musulmane dans la Péninsule. Il est donc fondamental d'avoir un minimum de notions historiques pour mieux comprendre la présence des peuples musulmans en Espagne et à Grenade.

Il est tout aussi important que nous possédions des références spatiales sur ce qu'il y avait à l'intérieur des remparts de l'Alhambra, car c'est uniquement de cette façon que nous pourrons comprendre ce qu'elle fut réellement, une authentique cité palatine, dont il ne nous reste qu'une partie des constructions et des palais.

LES MUSULMANS ESPAGNOLS, MAÎTRES D'AL-ANDALUS (711-1492)

La conquête d'Al-Andalus par les Musulmans, c'est en effet ainsi qu'ils nommèrent l'Espagne, fut rapide et facile. Au début du VIIIe siècle, le royaume wisigoth qui dominait l'Espagne était affaibli par la corruption et les luttes de ses gouverneurs ; cela explique que l'occupation du territoire par les Musulmans venant de l'autre côté du détroit fût si rapide. Les communautés chrétiennes et juives existantes furent tolérées en échange de tributs, et de ce fait la population d'Al-Andalus devint un mélange de races et de croyances.

A priori, il peut être difficile de comprendre comment les peuples musulmans, qui font de la "guerre sainte" un de leurs précepts religieux fondamentaux, permettaient que d'autres religions coexistent dans les régions qu'ils occupaient. L'explication vient du fait que les religions juives et chrétiennes étaient également des religions monothéistes apparentées à l'Islam à travers *Abraham* (père des trois religions). Mais plus encore : pour les Musulmans, les Juifs et les Chrétiens étaient des "frères" dans l'erreur qui ne voulaient pas accepter le message d'Allah. Les Musulmans appelaient les Chrétiens et les Juifs *Ahl-al-kitab*, ce qui signifie "les gens du livre" (la Bible). Les Musulmans eux-mêmes, assumant une partie des traditions et révélations de la Bible, leur accordèrent un statut spécial.

Si quelque chose doit caractériser le passage des Musulmans en Andalousie, c'est bien la fragmentation et la fragilité de leurs territoires. Leur domination ne fut jamais pacifique ; ce fut une période de guerres permanentes. Les Chrétiens faisaient rétrécir le cer-

l'Alhambra et la Sierra Nevada

cle petit à petit par le nord tandis que les Musulmans, que ce soit ceux d'Al-Andalus même, ou des tribus provenant du nord de l'Afrique, les envahissaient continuellement par le sud. Ces circonstances expliquent que les dirigeants durent recourir à des politiques de pactes et d'alliances afin de pouvoir maintenir la paix sur leurs territoires. La domination musulmane sur le territoire d'Al-Andalus et à Grenade connut différentes périodes :

– **L'ÉMIRAT DÉPENDANT (711-756)** : en 711, sept mille guerriers musulmans, en majorité berbères, dirigés par Tariq Ibn Ziyad, traversèrent le Détroit de Gibraltar et remportèrent la bataille contre Don Rodrigo (roi wisigoth) aux environs d'Algésiras. Ce fut le début d'une longue liste de victoires qui permirent une islamisation rapide du pays. Pendant cette première période, les territoires conquis étaient régis par des gouverneurs qui dépendaient directement du Califat de Damas.

– **L'ÉMIRAT INDÉPENDANT (756-929)** : cette période commença avec l'apparition d'Abd-al-Rahman Ier (de la dynastie Omeyade) qui débarqua à Almuñecar, sur la côte de Grenade ; il devint maître de Séville et renversa l'émir d'Al-Andalus à proximité de Cordoue instaurant ainsi l'émirat indépendant. Abd-al-Rahman Ier gouverna comme souverain indépendant sans devoir rendre de comptes à personne. Il créa un Etat organisé et prospère qui allait durer presque 200 ans.

–**LE CALIFAT (929-1013)**: il débuta avec Abd-al-Rahman III qui se proclama calife et prince des croyants instaurant le Califat de Cordoue. Ce fut à cette époque que Cordoue atteignit l'apogée de sa splendeur, laissant Grenade au second plan, soumise au Califat.

– **ROYAUMES DE TAÏFAS - LE RÈGNE ZIRIDE DE GRENADE (1013-1090) :** suite à l'effondrement des Omeyades et du Califat de Cordoue, au début du XIe siècle, Al-Andalus fut

fractionné en minuscules royaumes ou gouvernements appelés "royaumes de Taïfas", chacun gouverné par une famille ou une dynastie qui se battaient souvent entre elles. Les Zirides s'installèrent à Grenade. Les rois de cette dynastie étaient au nombre de quatre et sous leur domination, la capitale du territoire d'Elvire fut déplacée à Grenade, donnant ainsi naissance au royaume de Grenade.

– **LES ALMORAVIDES ET LES ALMOHADES (1090-1231)** : on pourrait définir cette période comme celle de *la domination berbère*. Période qui apporta beaucoup de fanatisme religieux et provoqua une régression culturelle. Les *Almoravides* étaient des Berbères du désert tout juste convertis à l'Islam. Venant du nord de l'Afrique, ils entrèrent sur le territoire d'Al-Andalus, déjà très fragilisé par les luttes perpétuelles des émirs taïfas andalous, et balayèrent de manière impétueuse les *zirides*. L'histoire se répètera et une autre tribu berbère originaire du nord de l'Afrique apparaîtra, les *Almohades*, qui domineront l'Espagne musulmane jusqu'au premier tiers du XIIIe siècle.

Ce siècle va marquer le déclin des Musulmans en Espagne (Al-Andalus) qui vont voir leurs territoires se réduire devant l'action puissante de la Castille et de l'Aragon. Tout cela sera aggravé par le mal qui ronge depuis toujours les entrailles des Hispano-arabes : les perpétuelles divisions internes favorisées par les ambitions personnelles de leurs rois.

– **LES NASRIDES DU ROYAUME DE GRENADE (1238-1492)** : ce fut la dernière dynastie musulmane qui régna en Espagne. Elle apparut avec la famille de *Nasar* ou *Nasrides* qui vivait à Arjona. Se détache la figure de *Muhammad*, nommé *Ibn Yusuf Ibn Nasr Ibn Ah-Alhamar*. Il fut le grand opportuniste de cette époque d'agitations et de luttes au cours desquelles des chefs militaires plus ou moins expérimentés aspiraient à dominer le pays. Après plusieurs victoires dans différentes régions, *Alhamar* acquit de plus en plus de popularité chez les Musulmans, celle-ci augmentant d'ailleurs, grâce aux défaites subies par ses rivaux auxquels les Chrétiens reprenaient peu à peu les territoires.

La perte de Cordoue en faveur des troupes chrétiennes du roi Fernando contre Ibn Hud (son rival le plus direct parmi les Musulmans) fut décisive. Les Grenadins, jusque là réticents, se décidèrent à reconnaître Muhammad de Arjona comme leur émir ; en effet, il leur fallait un maître et seigneur à qui obéir et qui dirigeât leur vie.

Muhammad, également connu sous le nom d'*al-Almar le magnifique*, fit son entrée dans la grande ville de Grenade au mois sacré du Ramadan de l'année 1238. Cette date, d'un point de vue chronologique, sera considérée comme marquant le début du règne nasride de Grenade. Ce règne, le dernier de l'Espagne musulmane, englobait les actuelles provinces de Grenade, Malaga et Almeria ainsi qu'une partie de celles de Jaen, Cordoue, Séville et Cadix.

Muhammad Ier (*al-Ahmar*) se déclara vassal et allié du roi Ferdinand III de Castille, ce qui permit à Grenade d'assurer sa stabilité et de perdurer. La vassalité consistait à payer au roi de Castille un tribut annuel de 150 000 maravédis d'or et à l'assister avec cent cinquante lances dans les campagnes militaires qu'il aurait à mener. La paix installée, la population tripla, l'industrie se développa ainsi que les arts et les sciences. Mais l'œuvre la plus glorieuse attribuée à Muhammad Ier fut certainement d'avoir inicié la construction de l'ALHAMBRA, œuvre que ses descendants allaient agrandir. Parmi ceux-ci, on retiendra surtout Yusuf Ier et Muhammad V au XIVe siècle, véritable époque d'or du règne nasride.

CHRONOLOGIE HISTORIQUE DE L'ALHAMBRA ET DE SES MONARQUES

Avant toute chose, il est nécessaire de préciser que jusqu'au XIIIe siècle l'Alhambra n'était pas la résidence des rois. En effet, comme cela a déjà été dit, les premiers rois de Grenade, les Zirides, édifièrent au XIe siècle, leurs palais et leurs meilleurs systèmes de défense sur la colline d'en face, celle de l'Albaicin. Il n'en reste aujourd'hui que le souvenir et les ruines des murailles. Ce furent les monarques nasrides qui pour la première fois établirent leurs palais sur la colline de la Sabika (la colline de l'Alhambra), où il existait déjà les ruines d'une autre construction militaire datant vraissemblablement du IXe siècle.

Arrivés à ce stade, faisons un bref historique de l'évolution de la construction de l'Alhambra et des rôles qu'y jouèrent les principaux monarques :

– **MUHAMMAD Ier, AL-AHMAR (1238-1273)** : fondateur de la dynastie, il est d'une grande habileté en politique. C'est à lui que revient l'honneur d'être à l'origine de la construction de l'Alhambra comme palais des rois de Grenade. Il fit construire l'Alcazaba à partir des ruines d'une ancienne forteresse qui existait déjà sur la colline de la Sabika, et y établit son palais. Il y fit venir l'eau du Darro en construisant un moulin à eau. On lui doit la Tour de la *Vela* et celle de l'*Homenaje* dans l'Alcazaba. Il améliora les défenses et créa des entrepôts pour le grain et les munitions. Il fit sans doute édifier les murailles.

– **MUHAMMAD II (1273-1302)** : roi qui étudiait les sciences et qui lisait le Coran pour les siens. Les Grenadins l'appelaient "alfaqui" (homme savant). Il continua la construction du palais et de l'enceinte commencée par son père. Il semble que la Tour des Dames et la Tour des Pics, du côté nord de l'enceinte, soient également de cette période. C'est sans doute lui qui commença la construction du Généralife et qui, peut-être, fit édifier le Mexuar (qui aurait pu être initié par son père).

– **MUHAMMAD III (1302-1309)** : roi aveugle et détrôné. Pour cette raison, on l'appelait "al-majlu", *le détrôné*. Sous son règne, un généneux sentiment de tolérance apparut, de nombreux étrangers arrivèrent à Grenade et des Chrétiens se marièrent avec des femmes musulmanes. C'est à lui que l'on doit la construction d'un bain public et de la Mosquée Royale sur laquelle fut ensuite construite l'actuelle église sainte Marie. De nouvelles recherches lui attribuent aussi la construction du Palais du Partal, le plus vieux palais de l'Alhambra.

– **ISMAIL Ier (1314-1325)** : prince énergique. Les chroniqueurs musulmans lui accordaient toutes sortes de vertus, même celle de la chasteté. Il agrandit et aménagea de nouveau le Généralife ; on le considère comme son véritable constructeur. Il vainquit les Chrétiens aux alentours de la Sierra Elvira, lieu où moururent les infants Don Juan et Don Pedro. Il conquit également la place forte de Martos, à Jaen.

L'Alcazaba. Sa construction remonte au règne de Muhammad Ier (1238-1273)

Le palais du Partal ; il est attribué à Muhammad III (1302-1309)

Le palais du Généralife. Ismail Ier est considéré comme son véritable constructeur

Le Palais du Mexuar. On ne peut pas vraiment attacher un seul roi à cette construction. On sait par contre qu'il est beaucoup plus ancien que les deux autres palais de la Casa Real.

Palais de Comares. Il fut construit sous Yusuf Ier (1333-1354)

Palais des Lions, oeuvre de Muhammad V (1354- 1391)

La Tour des Infantes. C'est un des derniers bâtiments construits à l'Alhambra. Il fut réalisé sous Muhammad VII (1392-1408).

– **MUHAMMAD IV (1325-1333)** : émir au destin tragique, il fut assassiné. La construction du Palais du Mexuar pourrait être son œuvre, mais il est possible que sa construction date en partie de l'époque de Yusuf Ier.

– **YUSUF Ier (1333-1354)** : sous son règne et celui de son fils, le Royaume de Grenade arriva au maximum de sa splendeur. A eux correspond la quasi totalité des palais tels qu'on peut les voir aujourd'hui. Yusuf 1er modifia l'Alcazaba, il construisit les portes de la Justice et des Armes, le palais de Comares et les bains du palais. De nombreuses tours telles que celle des Sept Etages, du *Cadí*, de la Captive, de Machuca et de Comares furent sans doute construites ou reconstruites sous son règne. Il faut remarquer la Tour de la Captive, c'est comme un petit palais, tellement la décoration est riche à l'intérieur. Il construisit également La Madraza (université) face à la Grande Mosquée de Grenade. Parmi ses exploits militaires, il faut signaler la destruction en 1340 de la flotte castillane dans les eaux du détroit de Gibraltar. Ce fut la plus grande bataille navale du siècle. Il fut assassiné par un fou dans la Mosquée de l'Alhambra.

– **MUHAMMAD V (1354-1391)** : roi qui gouverna deux fois car le pouvoir lui fut usurpé mais il le récupéra. Il continua l'œuvre de son père, décorant de nouveau certaines parties du palais de Comares telles que la majestueuse façade de l'entrée. Son apport principal sera la construction du Palais des Lions avec sa fameuse cour et toutes les salles et édifices qui l'entourent. Il construisit également l'hôpital du "Maristán" dans l'Albaicin. Pendant son règne, il forma un gouvernement d'intellectuels parmi lesquels se démarquèrent le polygraphe Ibn-al-Jatib et le poète Ibn Zamrak. Il fut l'ami du roi chrétien Pierre Ier "Le Cruel" qu'il aida à restaurer l'Alcazar Royal de Séville.

– **MUHAMMAD VII (1392-1408)** : roi belliqueux, il occupa le trône passant outre les droits de son frère aîné Yusuf qu'il fit emprisonner dans le château de Salobreña. Sous son règne le poète Ibn Zamrak fut assassiné. Son apport le plus important dans l'Alhambra est la Tour des Infantes dont l'intérieur est un des plus beaux de toutes les tours de l'enceinte. Cependant certains attribuent la construction de cette tour à un monarque postérieur, Saad (1454-1464).

– **YUSUF III (1408-1417)** : certainement le dernier grand roi de Grenade puisque, après lui, la dynastie nasride entrera dans une période d'agonie. Avant d'accéder au pouvoir, comme cela vient d'être dit, il fut emprisonné à Salobreña. Les chroniques racontent que pendant son séjour en prison, il reçut un courrier en provenance de Grenade, de son frère Muhammad VII, ordonnant son exécution. Yusuf demanda alors l'autorisation de dire adieu à sa famille ce qui ne lui fut pas accordé. Il demanda alors qu'on le laissât terminer la partie d'échecs qu'il était en train de faire avec le gouverneur de la forteresse ce qui lui fut accordé. Yusuf, sentant qu'il allait se passer quelque chose, essaya de faire durer le plus longtemps possible la partie et avant qu'elle ne fût terminée un groupe de chevaliers grenadins arriva au château pour le libérer et le transférer à Grenade. Il fut proclamé roi en 1408. Il construisit le palais de Yusuf III dans la zone du haut Partal. De ce palais, il ne reste maintenant que des vestiges, mais, après les palais de Comares et des Lions, il était sans doute le palais le plus somptueux de l'Alhambra.

Les rois nasrides suivants qui vécurent dans l'Alhambra, connurent une période que nous pouvons qualifier d'"agonie et de mort du royaume" caractérisée par les

Palais du Partal dans son état actuel

Dessin du Palaís du Partal, réalisé par Lewis quand il visita Grenade (1833-1834)

***En haut, à droite et à gauche :** ces images nous aident à nous faire une idée de l'état d'abandon dans lequel se trouvaient certaines salles de l'Alhambra aux XVIIIe et XIXe siècles.*

luttes civiles et celles contre les Chrétiens. Hormis le règne de Saad, peu de rois laissèrent leur empreinte au sein de l'Alhambra. Avec eux commença un déclin qui prit fin avec Boabdil, dernier roi nasride. Il livra officiellement la ville et ses forteresses aux Rois Catholiques, Isabelle de Castille et Ferdinand d'Aragon, le 2 janvier 1492.

– **LES ROIS CHRÉTIENS** : quand les Rois Catholiques arrivèrent à Grenade, ils occupèrent l'Alcazaba et le Palais Royal nasride (Mexuar, palais de Comares et Palais des Lions). La Cour se partageait le reste des palais et des résidences de l'Alhambra. Les Rois Catholiques furent émerveillés par la beauté de ces palais. C'est pourquoi, hormis de petites modifications pour les adapter à leurs besoins et mode de vie, ils les conservèrent dans leur intégrité.

Les Rois Catholiques octroyèrent à la ville de l'Alhambra sa propre juridiction, nommant le comte de Tendilla, gouverneur de celle-ci. Les habitants chrétiens de cette ville palatine créèrent comme une petite Cour qui conserva et habita les maisons et palais, adoptant de nombreuses coutumes musulmanes. La population était alors formée d'un curieux mélange de Chrétiens et de Mauresques (Musulmans qui, pour pouvoir rester en Espagne, durent adopter la religion catholique mais, dans beaucoup de cas seulement en apparence, car ils conservaient leurs traditions et leur mode de vie). Ils firent également des constructions chrétiennes, comme celle de l'église Sainte-Marie, sur l'emplacement de l'ancienne Grande Mosquée. Quand Charles Quint vint à Grenade, il y habita aussi, aménageant de nouvelles salles dans le Palais Royal. Il ordonna également la construction d'un palais Renaissance qui porte son nom.

Avec l'arrivée des Bourbons à la couronne d'Espagne, l'Alhambra tomba en disgrâce. Ses habitants avaient appuyé la Maison d'Autriche dans le conflit pour la succession que la Couronne d'Espagne avait engagé entre 1700 et 1713, ce qui ne lui a pas attiré la sympathie de la nouvelle famille royale espagnole. Avec l'invasion des troupes françaises de Napoléon, l'Alhambra fut sur le point de disparaître. Les troupes françaises, dominant Grenade de 1808 à 1812, convertirent les palais en casernes, causant de nombreux dommages. Par miracle, le Palais Royal fut épargné. Au moment de leur retraite, ils minèrent les tours, les détruisant en partie. Certaines, comme la Tour des Sept Etages et celle de l'Eau, furent presque entièrement détruites.

Ainsi, au cours du XVIIIe siècle et début du XIXe, l'Alhambra abandonné voit ses salons convertis en porcheries et en tavernes, occupés par des gens de la plus basse condition sociale. Cet abandon apparaît

dans les textes et les dessins des voyageurs qui, à cette époque, visitèrent Grenade, comme Gustave Doré, Richard Ford, Prangey, Roberts ou Lewis. Enfin, durant l'année 1870, l'Alhambra fut déclaré monument national et à partir de là, restauré et protégé pour le plaisir et l'admiration de tous.

L'ALHAMBRA, UNE VÉRITABLE VILLE

Tous ceux qui visitent l'Alhambra pour la première fois considèrent que le Palais Nasride ou Palais Royal est l'axe central avec la Cour des Lions et ses dépendances. Cependant, l'Alhambra occupe une place beaucoup plus grande. Ce fut dès l'origine, une authentique *cité palatine* telle une acropole fortifiée et "isolée" de la ville de Grenade. Elle occupait une surface d'environ 104 000 mètres carrés avec les mêmes édifices et quartiers qui caractérisent toute ville musulmane.

La typologie des constructions les plus caractéristiques dans toute ville hispano-mauresque serait la suivante :

– ***Constructions religieuses*** :
Mosquées (temples), *morabites* (ermites) et *rawdas* (cimetières).

– ***Constructions civiles*** :
Maisons particulières, *alcazars* (palais), *medrassas* (universités), *fondouk* (auberges), *fundqs* (greniers pour le blé et autres marchandises) et *maristanes* (hôpitaux).

– ***Constructions militaires*** :
Alcazaba (forteresse), tours, portes d'accès aux villes et ponts.

Pratiquement tous ces édifices existaient dans l'Alhambra mais avec le temps beaucoup ont disparu, ne laissant que les vestiges de l'Alcazaba, la plupart des tours et les palais les plus importants. Cependant, au temps de sa splendeur, l'Alhambra était une authentique cité entourée de murailles avec au moins sept palais, résidences accueillant toutes les classes sociales, des services de toutes sortes, la maison de la monnaie royale, des mosquées privées et publiques, des ateliers de tout genre, des boutiques, des bains publics et privés, un cimetière royal et une forteresse avec ses casernes et ses cellules.

La ville était protégée par la totalité de la muraille et des tours (il y en eut jusqu'à trente) qui encerclaient tout le périmètre. Il existait au moins trois portes pour entrer dans la ville dont les portes de la *Justice et des Armes*, toutes deux fortifiées. Situées dans la partie nord-ouest et sud-ouest de la ville, ces portes permettaient l'accès à l'Alcazaba et au Palais Royal. Dans la

Gauche :
L'Alhambra et ses tours depuis le Généralife.

L'Alhambra comme une véritable ville

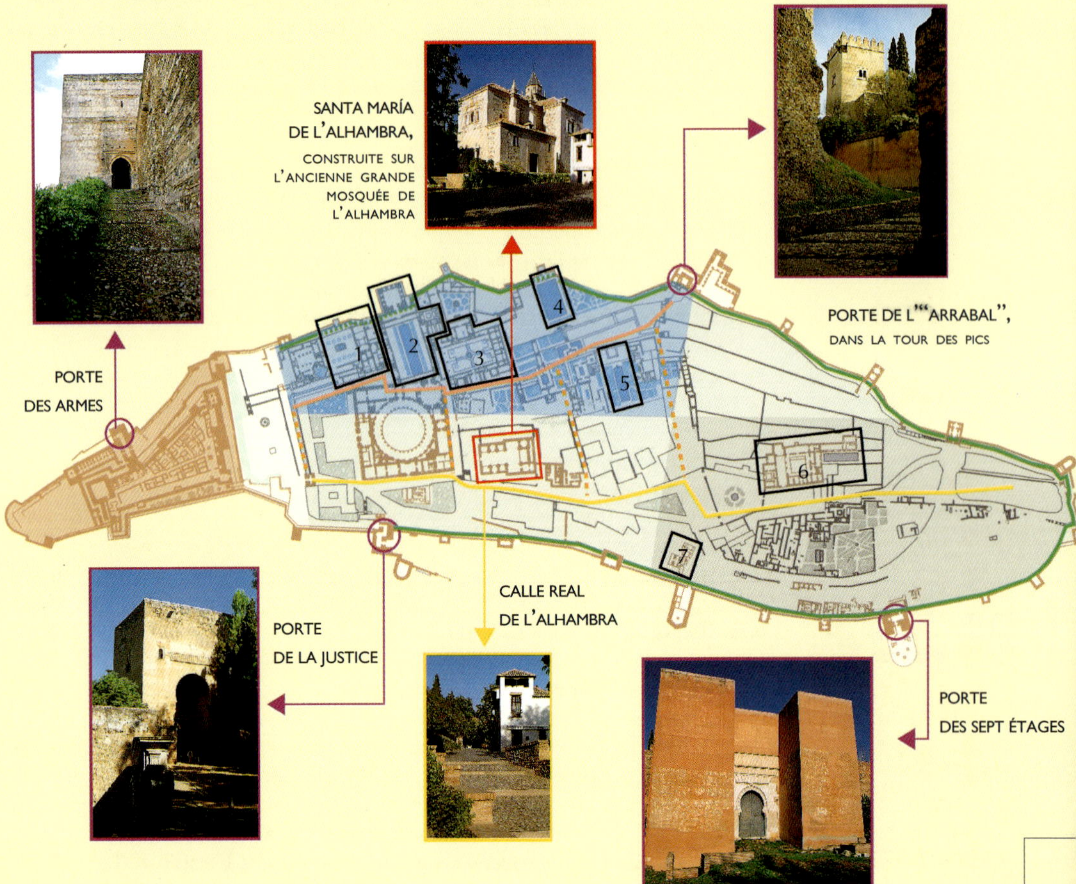

Zone militaire, où logeait la garnison chargée de la sécurité de la citadelle.

Zone résidentielle et palatine, occupée par la famille royale, où se déroulait la vie officielle de la cour. En plus des trois palais constituant la "Casa Real" nasride, il y avait d'autres palais et maisons nobles, ce qui fait penser que les familles les plus célèbres de l'Alhambra y résidaient.

Zone civile, medina ou ***quartier du peuple***, où vivait la majorité de la population : fonctionnaires, domestiques, artisans, et autres habitants, tous chargés de couvrir les besoins et du bon fonctionnement de la cité. C'est la zone la plus endommagée de l'Alhambra, dont on ne conserve aujourd'hui que des restes archéologiques. Le nombre de restes découverts nous indique que c'était la zone la plus peuplée, authentique médina de l'enceinte ; sur le plan, elle correspond à la partie la plus foncée.

Le Chemin de ronde : il entoure toute l'enceinte sur la face interne de la muraille, passant à côté ou sous les tours, sauf dans le cas de la Tour de l'Eau, à l'extrémité ouest, où il se sépare de la muraille. La ligne discontinue correspond à l'endroit où il passe à l'intérieur des palais.

Calle Real Baja : cette rue traversait la zone palatine d'un bout à l'autre. Son tracé est exact pour certaines parties, mais, pour d'autres, c'est une reconstruction approximative.

Calle Real Alta : elle traversait la médina, c'était la rue la plus longue et la plus fréquentée de toute la cité. De même que pour la Calle Real Baja, le tracé indiqué est une approximation à partir des études faites. Une partie de la rue correspond au tracé de l'actuel "Calle Real de la Alhambra", même si l'on peut supposer qu'elle n'était pas aussi droite ni aussi large que celle-ci.

Rues secondaires : ce sont les plus difficiles à délimiter, mais on pent dire avec certitude qu'elles ont existé et qu'elles existé et qu'elles faisaient communiquer les rues Calle Alta et Calle Baja. Les rues ici tracées sont celles qui apparaissent dans les différentes recherches.

1.- Le Palais du Mexuar.

2.- Le Palais de Comares.

3.- Le Palais des Lions.

4.- Le Palais du Partal.

5.- Vestiges du Palais de Yusuf II (Bassin central).

6.- Le couvent de San Francisco construit sur les restes d'un ancien palais arabe. Actuellement Parador National de Tourisme.

7.- Ruines du Palais des Abencérages.

1

2

3

4

5

6

7

partie sud-est se trouvait la Porte des Sept Etages, moins fortifiée. Cette porte permettait d'entrer dans la Medina ou dans le quartier populaire plus connu aujourd'hui sous le nom du *Secano* (cette zone occupait plus de la moitié de l'enceinte). Selon la tradition, Boabdil quitta l'Alhambra par la Porte des Sept Etages. Par respect pour lui, les Rois Catholiques ordonnèrent de la murer pour que plus personne ne pût la franchir. Quant à la *Puerta del Arrabal* (dans la *Torre de los Picos*), elle ne peut pas être considérée comme une porte de la citadelle mais comme un accès qui faisait communiquer l'Alhambra avec le Généralife.

L'Alhambra possédait une université, elle se trouvait entre l'Alcazaba et la Tour de Machuca. Les palais les plus importants dont aujourd'hui il ne reste que des ruines ou une partie sont : les trois palais qui composent le Palais Royal (*Mexuar, Comares et Leones*) ; le *Palais du Partal* et le *Palais de Yusuf III* dans la zone du Partal ; le *Palais des Abencérages* dans la zone du *Secano* ; et un palais important cédé par les Rois Catholiques aux Franciscains pour leur permettre d'y établir leur couvent et où se trouve aujourd'hui le Parador de San Francisco. Les Rois Catholiques furent enterrés dans ce couvent franciscain avant d'être transférés à la Chapelle Royale.

A l'intérieur de l'enceinte, il y avait deux secteurs très différenciés : la "ville haute" au sud-est et la "ville basse" au nord-ouest. Ces secteurs communiquaient par deux rues ou artères principales : *Calle Real Alta*[1] y *Calle Real Baja*[2]. Dans le centre, se trouvait la Grande Mosquée qui, comme dans toutes les villes musulmanes, était censée être l'axe autour duquel tournait l'activité de la ville.

Il y avait aussi trois zones ou quartiers, en fonction de l'activité ou du statut social de ceux qui y habitaient : la zone où vivait le peuple était la *medina* (ville). Elle était située dans ce que nous connaissons aujourd'hui comme le "secano", dans la haute ville. Dans cette zone vivaient fonctionnaires, artisans, commerçants et aussi ceux qui assuraient les principales nécessités de la ville. La zone où vivait la garnison était le *quartier militaire* qui se trouvait dans l'Alcazaba. La noblesse et la haute société vivaient dans *le quartier résidentiel* qui en plus des Palais ou Palais Royal occupait une partie du Partal dans la basse ville.

[1] La rue *Real Alta* partait de la "Porte Royale", aujourd'hui disparue, à côté de la Porte du Vin et passait par la partie méridionale du Palais de Charles Quint, par l'actuelle rue Royale et par la promenade du *secano* pour arriver à la Tour du *Cabo de la Carrera*.

[2] La rue *Real Baja* était parallèle à la rue Alta. Elle partait de la place de Comares aujourd'hui disparue, à côté du Palais de Comares, et longeait les façades sud des palais de Comares et Leones, traversant le Partal pour arriver à la tour de *los Picos* où elle prenait fin.

Documentation du plan :

- Contreras, Rafael. *Études descriptives des monuments arabes de Grenade, Séville et Cordoue - 1878*.
- Bermúdez Pareja, Jesús. *Le Partal et la partie haute de l'Alhambra*. (registres de la Caisse d'Épargne, numéro 46 - 1977).
- Díaz, Mari Luz (coordinatrice). *L'espace la lumière et les formes... dépêchons-nous de voir l'Alhambra*, plan de la page 9. (cahiers du programme éducatif du patronage de l'Alhambra et du Généralife - 2001).

La Montée à l'Alhambra

La montée au monument est une promenade à travers la forêt de l'Alhambra que l'on recommande de faire à pied pour ainsi admirer sa beauté monumentale et paysagiste.

Pour accéder au monument nasride depuis la ville, il existe plusieurs accès possibles. Pour l'intérêt historique et la beauté du paysage, nous recommandons celui qui part de la Plaza Nueva, au coeur de la ville, et qui nous conduit au monument par la forêt de l'Alhambra.

En partant de cette singulière place de Grenade et en montant "la Cuesta Gomérez", nous trouvons la belle porte des Grenades de style Renaissance et construite sur ordre de l'empereur Charles Quint. Elle fut dessinée par l'artiste Pedro Machuca vers 1536 dans le même style bosselé que la partie basse du palais de Charles Quint à l'intérieur de l'Alhambra.

La porte compte trois arcs d'accès. L'arc central est un arc de triomphe, beaucoup plus grand que les arcs latéraux. Sur cet arc principal, on trouve un fronton avec un blason impérial au centre et trois grenades ouvertes sur la partie supérieure,

symbole de la ville qui donne son nom à la porte. La grenade centrale est soutenue par deux petites sculptures qui représentent, selon Gomez Moreno, des anges inclinés ou les figures de la paix et de l'abondance selon Gallego y Burin.

Chacun des arcs donne accès à trois chemins : celui de droite mène à la col-

Page précédente :
La Puerta de las Granadas, détail de celle-ci.

En haut à gauche :
La Fuente de la Tomate, dans la forêt de l'Alhambra

En haut à droite :
Détail de l'Arco de las Orejas, autrefois situé Place Bib-Rambla.

En bas :
Vue de la forêt de l'Alhambra.

line du Mauror où se trouvent les Tours Vermeilles, ainsi appelées à cause de la couleur de leurs murs qui datent du VIIIe siècle et qui furent reconstruites plus tard par Alhamar. Au pied de ces tours se trouve le quartier du "Mauror" ancien quartier juif. Le chemin central, goudronné, nous conduit, après plusieurs tournants, à l'ensemble monumental de l'Alhambra. Celui de gauche appelé la "Côte de la Croix" nous conduit également au monument nasride. En raison de la beauté et de la richesse artistique qu'il va nous offrir, c'est celui que nous emprunterons. Cet ensemble, dans la **Forêt de l'Alhambra** dont la plantation des arbres débuta à l'époque chrétienne, rend cet endroit merveilleux. Les allées de cette forêt sont bordées de petits ruisseaux où l'eau coule toute l'année, celle-ci provenant des *acequias* (canaux d'irrigation) situées au-dessus du Généralife et qui se jettent dans la rivière El Darro.

A l'époque arabe, il n'y avait pas de forêt mais un cimetière où furent enterrés Alhamar et ses descendants. Tous les peupliers, marronniers, micocouliers et autres variétés d'arbres datent du XVIe et du XIXe siècle.

Comme nous l'avons recommandé, nous monterons au monument par la Côte de la Croix tracée en 1599 par

En haut :
La Fontaine de Charles Quint.

En bas :
Détail d'une des figures de la fontaine.

Page suivante :
La Porte de la Justice.

Leandro de Palencia. C'est le chemin le plus court arrivant à la place où se trouve la **Fontaine de Charles Quint** et la **Porte de la Justice**. Quelques mètres après avoir franchi cette porte, se trouve la porte du Vin.

LA FONTAINE DE CHARLES QUINT

C'est un beau monument Renaissance dessiné par Pedro Machuca et construit par l'Italien Nicolao Da Corte en 1545. Il possède trois mascarons. Par leur bouche, jaillit l'eau représentant les trois rivières de Grenade : le *Darro*, le *Genil* et le *Beiro*. Au-dessus des mascarons se trouve une tablette en latin qui fait allusion à l'empereur Charles Quint et tout en haut le blason impérial. On y voit aussi d'autres motifs décoratifs tels que des enfants jetant de l'eau avec des escargots ainsi que des scènes mythologiques.

LA PORTE DE LA JUSTICE

Elle fut érigée en 1348 par Yusuf Ier. Au dessus de sa façade principale en forme de fer à cheval et exactement au centre, se trouve taillée une main qui nous tend sa paume et qui représente les cinq piliers de l'Islam : *l'unité de Dieu, la prière, le jeûne ou "Ramadan", l'aumône pour les pauvres et le pèlerinage à la Mecque*. Au-dessus du deuxième arc se trouve sculptée une clef qui peut signifier, soit l'entrée de la Médina (ville), soit un symbole pour les sultans nasrides de Grenade puisque nous la retrouvons dans d'autres salles de l'Alhambra, soit la clef d'accès au paradis en relation avec les cinq commandements du Coran. Trois coquillages symbolisent l'eau, attributs religieux arabes par excellence. Sur cette porte et au centre d'un socle de mosaïques perses d'époque, se trouve une niche avec la Vierge et l'Enfant Jésus (copie dont l'original se trouve au musée des Beaux-Arts). Les Rois Catholiques souhaitaient symboliser ainsi la victoire du Christianisme sur l'Islam après la conquête de Grenade en 1492.

L'intérieur de la porte est constitué d'un petit couloir ascendant et coudé ce qui lui donnait une fonction défensive. La façade postérieure est modeste, en forme de fer à cheval avec quelques restes intéressants d'azulejos anciens en argile émaillée.

A Droite :
Façade ouest de la Porte du Vin. Les habitants de l'Alhambra pouvaient y acheter du vin, sans taxes.

En haut :
détail de la façade est.

En bas :
détail de la façade ouest.

LA PORTE DU VIN

Une fois la *Porte de la Justice* franchie, nous trouvons un chemin droit avec, sur sa gauche, un pan de muraille, restauré en partie avec des dalles en marbre provenant du cimetière arabe de l'Alhambra ("Rauda"). Ce chemin mène à la **Place des Citernes** et à **la Porte du Vin**. La *Place* doit son nom à l'existence, en sous-sol, de réserves d'eau souterraines ; sa construction date de l'époque du Comte de Tendilla. Le nom de la *Porte* trouve son origine dans le commerce du vin, libre de taxes qui, en 1556, se faisait entre les habitants de l'Alhambra et les marchands. On voit bien qu'il ne s'agit pas d'une porte militaire mais de l'accès à une rue de la médina.

Cette porte présente deux façades de deux époques différentes, en forme de fer à cheval : la façade occidentale possède au-dessus de l'arc une frise en voussoirs avec la même clef que celle de la *Porte de la Justice* que nous avons déjà vue, une inscription en plâtre de l'époque de Muhammad V et une petite fenêtre géminée (fenêtre double). La façade orientale est très riche en céramiques émaillées et vernies ; au-dessus de la frise il y a une autre fenêtre géminée avec sur les côtés, des pans en plâtre travaillé dont les motifs représentent des végétaux.

Décoration et ornementation I :
techniques, moyens et éléments décoratifs de l'architecture islamique

Stucs dans le Mirador de Lindaraja. Chapiteaux des colonnes dans la Cour des Lions.

Autant l'aspect extérieur de beaucoup d'édifices islamiques paraît simple, voire modeste, pratiquement sans motifs ou éléments décoratifs, autant l'intérieur est abondamment décoré, parfois même du sol jusqu'au plafond, sans que l'on puisse trouver un seul espace vide. Cette différence entre extérieur et intérieur est très évidente dans l'architecture du nord de l'Afrique et de l'Espagne. La raison n'est autre que la philosophie de la vie des peuples musulmans, qui passaient leurs journées à l'intérieur de leurs maisons et palaces.

De plus, il apparaît que dans certaines salles des palais de l'Alhambra, la décoration est encore plus abondante que dans d'autres monuments musulmans, avec des murs totalement recouverts et décorés, du sol jusqu'au plafond, sans qu'il ne reste aucun espace vide, comme exemple, la *Salle des Ambassadeurs* ou du *Trône*, à l'intérieur de la *Tour de Comares*. Ne serait-ce pas dû à la "peur du vide" (l'*horror vacui* latin) auquel John Huinzinga fait allusion dans son merveilleux livre[1] "L'automne du Moyen-Âge", comme une caractéristique de la fin des périodes spirituelles ? Ne serait-ce pas que les Nasrides de Grenade avaient déjà le pressentiment quand ils construisirent l'Alhambra que la civilisation arabico-andalousi était sur le point de prendre fin, comme ce fut d'ailleurs le cas ? L'Alhambra n'est-ce pas le chant du cygne des Musulmans d'Al-andalous qui, étouffés par la croissante pression des royaumes chrétiens, décidèrent de laisser dans Grenade leur testament vital ?

Nous allons aborder maintenant les techniques, moyens et éléments décoratifs de l'architecture islamique, nous verrons que la variété et le nombre des éléments décoratifs utilisés dans l'architecture islamique espagnole fut moins importante ici qu'ailleurs, sans doute dû à l'isolement politique

[1] L'auteur du livre se réfère dans ce cas à la peinture flamande du XIVe et XVe siècle.

et géographique de la Péninsule du reste du monde islamique. Cependant, bien qu'il y eût une plus faible variété de techniques et de moyens, le degré de virtuosité et de perfection dans leur réalisation est exceptionnel. Voyons donc les éléments décoratifs les plus importants, présents sur les murs et les plafonds des salles de l'Alhambra :

LE STUC

Il s'agit sans doute du moyen décoratif le plus largement étendu dans le monde islamique, pour son caractère économique, pour la facilité avec laquelle il peut être façonné ou taillé, et parce qu'il s'adapte à tous les supports architecturaux, murs, piliers, voûtes... Le stuc permettait aux artisans de recouvrir une superficie pauvre et mal finie, lui donnant une apparence de richesse, de perfection et de virtuosité architectonique.

Le matériau de base qui compose le stuc est le plâtre, mélangé normalement avec d'autres matériaux comme la poudre de marbre ou d'albâtre, qui lui apportent consistance et solidité. La première chose qui se faisait était de préparer une pâte avec de l'eau et ces matériaux. Lorsqu'elle était terminée et avec la consistance souhaitée, elle s'appliquait sur le mur ou tout autre superficie à recouvrir, la rendant prête à la sculpture ou au modelage des dessins décoratifs.

Une fois que la superficie recouverte de stuc avait la consistance nécessaire, elle était sculptée. Cela pouvait se faire directement ou bien -et c'était le plus fréquent- après avoir dessiné la surface à sculpter avec par exemple de la poudre de charbon. On utilisait un pochoir avec le motif décoratif, qui se superposait au mur ou à la surface à ornementer, on recouvrait le pochoir de poudre de charbon, et quand on le retirait, la surface était dessinée. Le maître artisan n'avait plus qu'à tailler patiemment à l'aide d'un petit ciseau les zones dessinées.

Cette technique, totalement manuelle, était lente et laborieuse, pour cette raison, d'abord en Perse et en Irak, puis en Espagne, on préféra la technique du moulage, rapide, précise et qui nécessitait moins de main d'œuvre. La différence était que le mélange de plâtre, encore mou, s'appliquait dans les moules de bois qui contenaient les dessins, et quand celui-ci était sec, on retirait le moule.

La fin du processus, dans les deux cas, était la finition grâce à laquelle étaient apportés une plus grande consistance, brillant et qualité à la surface. On appliquait une patine faite de chaux ou autres substances, cela dépendait de l'aspect final que l'on

Détail des murs de la Salle des Ambassadeurs. Filet de stuc tissé entre les colonnes, dans la Cour des Lions.

Exemple du jeu des formes et des lumières qu'apportent les compositions des mouqarnas.

voulait obtenir et des usages habituels de chaque zone géographique. Aussi, dans beaucoup de cas, la surface terminée était peinte de couleurs, le fond et les reliefs du dessin se différenciant ainsi encore plus.

"L'Alhambra est comme un palais de plâtre travaillé, dans lequel le stuc s'utilise pour recouvrir le mur, le remplaçant d'une certaine manière. Comme exemple précis, nous avons le *Patio de los Leones*, où les quelque cent trente colonnes qui l'entourent n'ont pas pour fonction de soutenir les charges des arcs qui y reposent mais de soutenir les fins filets de stuc travaillé qui vont de l'une à l'autre" (Dominique Clévenot et Gérard Degeorge, *Ornementation de l'Islam*, page 88).

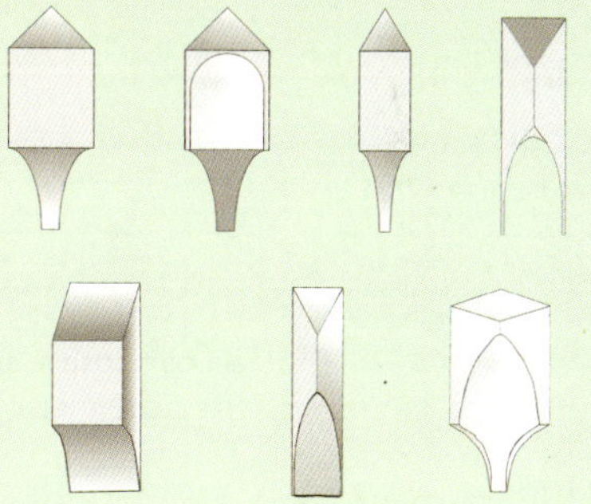

Figure 1

LES MOUQARNAS

Les mouqarnas sont des prismes ou des polyèdres, normalement en bois ou en stuc, taillés en forme concave dans leur partie inférieure. La grande particularité des compositions géométriques à base de mouqarnas est qu'il est possible de recouvrir n'importe quel type de surface ou de volume, ce qui permet son utilisation pour la décoration des plafonds, consoles, arcs, pendentifs de coupoles... Mais l'application la plus surprenante est bien pour la décoration des plafonds, comme ceux des *Salles des deux soeurs* et *Abencérages*, un authentique prodige dans cette spécialité décorative.

Bien que ces formes s'appliquent également pour le bois, le plus courant, comme dans l'Alhambra, reste qu'elles soient en stuc (plâtre). Pour leur réalisation, on utilisait des moules en bois. Les artisans commençaient l'oeuvre par le bas, plaçant les moules de bois qui étaient par la suite remplis de pâte de plâtre. Une fois sec, on retirait le moule et l'on procédait à la taille et puis au polissage. Les formes prismatiques de base sont sept, susceptibles d'être regroupées en combinaisons multiples, montrant une virtuosité sans pareil. Ces plafonds à mouqarnas sont un prodige mathématique, puisqu'à force de combinaisons de corps géométriques on arrive à remplir dans sa totalité un espace. Les voûtes de ces plafonds se terminent généralement en étoile octogonale. Les plafonds à mouqarnas sont une allégorie représentant les stalactites de la grotte où, selon la tradition islamique, le prophète Mahomet se réfugia pour échapper à ses ennemis, dans sa fuite de la Mecque à Médina. Ils peuvent aussi symboliser le ciel, ou les rayons d'une ruche.

On trouve d'autres utilités des mouqarnas dans l'Alhambra, par exemple, dans

Détail du plafond du vestibule qui communique la Cour du Mexuar avec la Cour des Myrtes

les pendentifs des coupoles qui parfois soutiennent les plafonds en bois, comme dans la *Sala de la Barca* ou dans les arcs mitraux de certaines salles, comme *la Sala de los Reyes* ou à l'entrée de *la Sala de la Barca*.

LE BOIS

Une autre technique dans laquelle les Musulmans excellaient était la charpenterie appliquée à l'architecture : auvents, jalousies, portes et fenêtres... Mais où se remarque et surprend le plus l'utilisation du bois comme élément décoratif est sur les plafonds. Ceux-ci étaient généralement en bois de cèdre, matière malléable et résistante qui de plus n'est pas attaquée par la terrible vrillette. Ces travaux pouvaient s'effectuer de deux manières : soit en taillant et en sculptant le bois en dessins géométriques ou en noeuds, soit en utilisant des techniques d'ébénisterie ou taracea, qui consistait à créer les dessins sur le bois en y introduisant des morceaux plus petits d'autres bois comme l'ébène, le citronnier, le sycomore, des bois teints, et d'autres matériaux comme la coquille, l'ivoire, la nacre, l'argent ou autres métaux nobles. L'effet final est un jeu de formes, couleurs et textures surprenant. A l'intérieur de l'Alhambra, on trouve de nombreux exemples, certains sont les reproductions des plafonds d'origine qu'il y avait auparavant. Le plus important de tous est sans doute celui du *Salle des Ambassadeurs*.

LA CÉRAMIQUE (AZULEJOS ET FAÏENCE)

Lorsqu'on parle de céramique, appliquée à la décoration d'édifices, on se réfère bien aux azulejos ou à la faïence, qui sont des concepts similaires, bien que chacun ait une étymologie propre : "azulejo" vient d'"az-zulayan" un mot arabe signifiant "brique vitrée" ; "alicatado" (faïence) provient du mot "al-qata'a",soit "pièce ou azulejo coupé". Le verbe "alicatar" veut dire "couvrir une surface avec des pièces d'azulejos coupés".

La pièce de céramique appliquée à la décoration d'édifices est apparue entre le XIe et le XIIe siècle et a entraîné une véritable révolution, même si au début, les couleurs étaient moins variées : il y avait surtout du bleu à différents tons. Progressivement, les pièces d'azulejos joueront un rôle toujours plus important, également en ce qui concerne la variété des couleurs, surtout dans les pays de l'Afrique du nord et en Espagne, où ce type de technique décorative devient une authentique spécialité, avec des niveaux de finition et de perfection géométrique suprenants. Habituellement, les azulejos étaient placés sur la partie basse du mur, en harmonie avec le stuc, qui décorait la partie supérieure.

Cette technique décorative nécessitait beaucoup de temps, qui va de la **fabrication** des pièces jusqu'à leur **pose** sur les murs : le processus de fabrication commence par "l'*élaboration de la pâte*", qui se faisait en mélangeant l'argile et l'eau avec des rouleaux jusqu'à l'obtention d'un mélange humide et plastique. L'étape suivante est celle du "*moulage*" des pièces standard nécessaires pour réaliser un dessin déterminé. Ce moulage peut se faire soit quand la pièce est encore molle, avant d'être cuite, en appliquant la pâte dans les moules qui lui donnent sa forme, soit en coupant la pièce une fois sèche et cuite. Les pièces sèchent et cuisent dans le four ou "mufla". Une fois cuite, et avant le vernissage, la pièce s'appelle *biscocho*. L'ultime étape est le "*vernissage*" et la "*coloration*". Les couleurs s'obtiennent à partir d'oxydes de différents métaux : bleu (cobalt), saphir (dioxyde de cuivre), vert (cuivre ou oxyde de chrome)... Chaque couleur, en fonction de son brillant ou de sa finition, exige une cuisson spécifique, c'est pourquoi les pièces sont de nouveau introduites dans le four. La symbolique que donnent les Musulmans à chaque couleur est très intéressante : le vert est la couleur du Prophète, curieusement, tous les pays musulmans l'ont sur leur drapeau, surtout celui de l'Arabie Saoudite, le berceau de Mahomet et de l'Islam, qui est totalement vert ; le jaune est la couleur du soleil ; le bleu, du ciel, le paradis ; le rouge, du sang, l'ardeur guerrière ou érotique.

En ce qui concerne la disposition des pièces, celle-ci ne se faisait pas directement sur le mur. Une fois que les pièces ont leur forme, elles sont limées pour qu'elles s'emboîtent parfaitement dans le dessin. Quand les pièces étaient coupées à coups de ciseau ou au moyen d'une "azulea", beaucoup se brisaient, donc leur coût était très élevé. On généralisa l'utilisation des moules de fer. Les petits azulejos s'assemblent les uns aux autres, à l'envers, posés sur le sol ou sur une planche. Quand toutes les pièces sont ajustées, on les recouvre d'une pâte de mortier. La pâte séchée, les azulejos forment un seul bloc qui se pose sur le mur. La complexité de certains dessins et la petite taille des pièces requièrent une grande habileté de la part de l'artisan qui réalise l'assemblage. Lorsque la surface à couvrir n'est pas plane mais courbée, la difficulté est encore plus grande. Dans ce cas, les azulejos s'assemblent, non pas sur le sol ou sur une planche, mais sur des surfaces concaves ayant la forme du mur ou de la voûte à couvrir, et une fois que la pâte de mortier qui les lie est sèche, on la soulève et on l'ajuste. La complexité varie aussi selon le dessin, la taille, la variété des pièces qui le composent et leur disposition. Dans ce sens, on pourrait dire que dans l'Alhambra, il existe deux types d'azulejos pour la partie basse des murs (photo B) : les uns, dont le dessin est formé de deux, trois ou quatre pièces distinctes, de taille moyenne ou grande, préfabriquées et prémoulées, placées les unes près des autres, formant une composition où l'on peut facilement dissocier chacune des pièces géométriques qui configurent le tout (carrés, triangles, étoiles...), comme par exemple les murs du *Patio de los Arrayanes*. Les autres (photo A), sans aucun doute beaucoup plus compliqués à faire, sont des azulejos dont le dessin est formé d'une multitude de pièces différentes, plus petites, recoupées pour la majorité, qui s'entrecroisent, formant des ensembles et une interconnexion de dessins géométriques, où il est déjà plus difficile de dissocier ou d'isoler chacune des pièces, comme par exemple ceux des murs du *Salle des Ambassadeurs* ou de la *Salle du Mexuar*.

Photo A

Photo B

L'Alcazaba

Première construction réalisée dans l'Alhambra. A l'abri de celle-ci et de la muraille furent construits les autres édifices.

A gauche :
L'Albaicin depuis la muraille de l'Alcazaba.

A droite :
La Tour de la Vela, la plus haute de toutes les tours de l'Alhambra.

En bas :
L'Alcazaba depuis l'Albaicín.

Quand Alhamar accéda au trône de Grenade en 1238, il décida d'installer son palais, non pas dans l'*Alcazaba Vieja* ou *Alcazaba Cadima*, sur la colline de l'Albaicin, jusqu'alors résidence des rois de Grenade, mais sur la colline de *la Sabika*, sur les ruines d'un ancien château. Alhamar pensa qu'il était plus sûr d'établir les défenses et la cité palatine sur cette colline, à l'extérieur de l'enceinte de Grenade, espace sans édifications et avec une sortie facile vers la montagne et la mer. L'Alcazaba fut donc la première construction de l'Alhambra. A l'abri de celle-ci et de la muraille, viendront s'ajouter les autres édifices de l'enceinte.

L'Alcazaba fut construit sur un rocher recouvert d'une légère végétation. À l'origine ses versants étaient dénudés, et la forêt qui l'entoure actuellement date de l'époque chrétienne. L'Alcazaba s'élève de 200 mètres au-dessus de la ville et est de forme triangulaire ce qui, en cas d'attaque, est plus facile à défendre qu'un château carré ou circulaire. Cela, ajouté à la hauteur de ses tours, les plus hautes dépassant les 20 mètres, en fit une forteresse imprenable. Elle n'a jamais été prise puisque la reddition de Grenade s'est faite en-dehors de l'Alhambra. Les Rois Catholiques encerclèrent Grenade mais les Chrétiens n'y pénétrèrent jamais

avant la reddition. Inicialement dans cette forteresse, il devait y avoir une partie aménagée pour la résidence d'Alhamar, l'Alcazar (palais) et une forteresse. Par la suite, l'Alcazaba servit uniquement de forteresse.

Comme dans la plupart de l'Alhambra, l'Alcazaba possède une double muraille. Il y avait entre celles-ci un fossé ou barbacane qui servait de chemin interne et qui en cas d'assaut, se remplissait d'eau. Sur la partie supérieure de la muraille le chemin de ronde permettait le passage d'une tour à l'autre. Plus tard, les Chrétiens réalisèrent quelques modifications sur la forteresse d'origine, comme "Le Cubo" (édifié sur la Tour de la Tahona) ou le Jardin des Adarves.

LE QUARTIER MILITAIRE

Il occupe le centre de l'Alcazaba, actuellement en ruines. Mais à l'époque musulmane s'y trouvaient les maisons de la garnison où vivaient les militaires qui protégeaient l'Alhambra. Dans ces ruines, nous pouvons admirer la disposition typique d'une maison musulmane : l'entrée, le petit patio, les pièces autour de celui-ci (de 2 à 4) et les latrines. La maison du chef de la garnison se distin-

En haut :
Quartier militaire. Au fond, la Tour de l'Hommage et la Tour Fendue.

En bas :
Tour de l'Hommage depuis le quartier militaire.

gue des autres par sa taille, presque trois fois plus grande avec un bassin au milieu.

LES TOURS DE L'ALCAZABA

De toutes les tours, la *Torre de la Vela* (tour du guet) est la plus emblématique mais aussi la plus élevée avec ses 27 mètres de haut. Son nom vient de veille ou vigilance, car depuis cette tour, on apercevait tout ce qu'il se passait autour. A l'époque chrétienne, on la dota d'une cloche qui commandait l'irrigation de la Vega (la plaine) et donnait l'alerte en cas de tremblements de terre et d'incendies ; on les faisait aussi sonner à toute volée en cas d'extrême détresse. Depuis cette tour, on peut contempler les magnifiques paysages de l'Albaicin, de Grenade, de la Vega et de la Sierra Nevada (où nous recommandons de monter).

Sur le versant nord, on trouve la *Tour des Armes* avec sa porte, la *Porte des Armes*. C'était l'accès principal à l'Alcazaba, par lequel entraient et accèdaient à l'Alhambra ceux qui venaient de l'Albaicin, traversant le Darro par le pont du Cadi. C'est une porte de caractère militaire avec une pente prononcée et une entrée en angle droit. Son nom vient du fait qu'on devait y déposer les armes avant d'entrer dans la citadelle, armes que l'on récupérait en sortant. Juste à côté se trouvent les écuries.

Au nord-est se trouve la *Tour de l'Hommage* et à côté de celle-ci, sur le côté est, la *Tour fendue*. Elles mesurent toutes les deux 22 mètres de haut et sont les plus sobres. A leurs pieds se trouvent les cachots. La troisième tour du

En haut à gauche :
Fossé de l'Alcazaba ; au fond, la Tour de la Vela.

En haut à droite :
Tour de l'Hommage et muraille inférieure. On voit également le fossé et le chemin de ronde.

En bas :
La Porte des Armes.

côté ouest est celle de *l'Adarguero,* beaucoup plus basse mais qui à l'origine devait avoir la même hauteur que les deux autres. Au sud, dans le *jardín de los Adarves* (Jardin du chemin de ronde), ainsi nommé depuis l'époque chrétienne, se trouvent les tours de *la Poudre* et de *la Sultane.*

En haut :
Jardin du Chemin de ronde et tour de la Sultane.

En bas :
Tour de la Poudre et Jardin du Chemin de ronde

LE JARDIN DU CHEMIN DE RONDE

Ce ravissant jardin au sud de l'Alcazaba tient son nom du mot "adarve" ou partie supérieure de la muraille par laquelle passait le chemin de ronde. La fosse de cette partie de l'Alcazaba fut remplie de terre et transformée en jardin par le marquis de Mondejar au XVIIe siècle. Dans le coin du jardin où se trouve la tour de la Poudre, il y a un petit balcon d'où l'on peut admirer la ville, la Sierra Nevada, les tours Vermeilles et *la Vega*. Sur un mur, gravée dans la pierre, nous pouvons lire la célèbre poésie que Francisco de Icaza a écrit en voyant un aveugle qui jouait de la guitare, attendant son aumône : *dale limosna mujer, / que no hay en la vida nada, / como la pena de ser , / ciego en Granada.* (fais-lui l'aumône, femme, car il n'y a pas de plus grande peine dans la vie, que d'être aveugle à Grenade).

Décoration et ornementation II :
Les thèmes et motifs décoratifs les plus fréquents

S'il y a quelque chose qui caractérise la décoration des édifices islamiques, c'est bien l'existence d'une série de thèmes ou motifs décoratifs communs et quasi constants, qui se répètent de manière uniforme, en marge de la technique ou du matériel décoratif utilisé. Ces grands motifs décoratifs sont au nombre de trois : épigraphiques, végétaux et géométriques.

MOTIFS ÉPIGRAPHIQUES

Bien que dans d'autres cultures cela n'ait jamais été un art décoratif, à l'exception des manuscrits de la chrétienté et quelque autre exemple plus isolé, dans la civilisation islamique, l'utilisation de l'écriture comme motif décoratif est devenue une pratique habituelle. L'écriture dans les édifices islamiques remplit non seulement une fonction décorative, mais aussi iconographique, remplaçant la fonction qu'ont les images dans le monde chrétien. Elle sert à conserver et à manifester la parole de Dieu. Elle s'utilise pour structurer les surfaces, séparant par exemple, en forme de bande, les azulejos du bas des murs et la partie haute, recouverte de stuc ou pour encadrer une fenêtre, ou la courbe d'une arche, ou encore un portique.

Par leur typographie, on trouve deux types d'écritures :

– **Coufique** : elle se caractérise par son aspect rectiligne et angulaire, et provient de la ville de Koufa, en Irak. C'est la première à être apparue dans la décoration architectonique. C'est une écriture culte, que seuls les érudits et imams savent lire. Dans l'Alhambra on peut la trouver sur les azulejos de la *Salle des Ambassadeurs*.

– **Cursive** : celle qui illustre cette page. Elle apparaît à partirr du XIIe siècle. Il s'agit d'un type d'écriture liée et en forme presque circulaire et flexible, qui au début s'utilisait seulement pour les écrits officiels et administratifs, mais qui a fini par se généraliser, s'imposant dans l'ornementation architectonique. Elle sera finalement celle que la majorité des gens connaîtront. Presque toutes les inscriptions de l'Alhambra sont de ce type.

De par son contenu, la plus grande partie des écrits qui décorent les murs des édifices sont des passages du Coran. Tous les murs de l'Alhambra sont recouverts d'écritures religieuses, comme le leitmotiv "SEUL ALLAH EST VAINQUEUR", répété à l'infini. Il y·a aussi des écritures de caractère informatif ou historique, qui offrent des données relatives à la signification de l'édifice, sa date de construction ou les personnes qui l'ont construit. Dans l'Alhambra, les poésies sont aussi très fréquentes, bien qu'extrêmement rares dans l'Islam d'avant le XIe siècle. Elles chantent des louanges au palais même, aux sultans ou bien elles font des allégories symboliques. Les deux poètes les plus illustres du monument nazarí sont Ibn Zamrak le plus important, et Ibn Yayyab.

MOTIFS VÉGÉTAUX

Si l'ornement végétal existait déjà dans les arts, il n'est plus un motif de second ordre, il occupe dorénavant une place centrale, décorant de grandes surfaces et même des murs entiers. Ce regard sur tout ce que représente la nature a une explication dans la foi religieuse, par les références continues au Paradis, dans le Coran, Paradis compris comme "Jardin du bonheur".

monographie

On pourrait faire une classification de l'ornementation végétale en deux grands groupes.

Le premier serait intégré par des éléments qui pourraient être qualifiés d'un naturalisme des plus purs, fleurs, plantes, arbres, pommes de pins, coquilles... Les murs de l'Alhambra sont recouverts de ce type de motifs, comme l'arche mitrale donnant accès à la salle de *la barca*, où apparaissent cinq arbres de chaque côté de l'arche, chacun avec son tronc, ses feuilles et ses fruits, représentant les jardins de l'Eden. Un autre élément, peut-être le plus important, ce sont les coquilles qui symbolisent l'eau, la bénédiction et la parole d'Allah. Elles apparaissent partout. Cependant là où leur symbolisme est le plus important c'est dans les oratoires comme par exemple dans le *Mexuar et le Partal*, où elles sont toujours par groupes de trois couronnant le Mihrâb.

L'autre type d'ornementation végétale, que l'on pourrait qualifier de "naturalisme abstrait", est l'arabesque, où les formes végétales se dénaturent, se changeant en un motif répétitif et géométrique. L'arabesque est un dessin "géométrique", dont l'élément principal est une tige s'allongeant telle une ligne continue, en faisant des courbes infinies sur toute la surface du dessin. Cette tige se divise en une série de tiges secondaires touffues d'où sortent feuilles, férules et grappes qui remplissent les espaces vides. La symétrie et l'harmonie avec lesquelles l'arabesque couvre les espaces, est basée sur les mêmes principes mathématiques que ceux qui régissent la décoration géométrique pure. Dans certains endroits, ce type de dessin arrive à avoir une abstraction telle, que la tige principale n'existe même plus recouverte par une superposition de feuilles ou de motifs apparemment végétaux qui, de façon dynamique et rythmique, envahissent tout l'espace. L'arabesque est l'un des motifs les plus fréquents sur les stucs qui décorent les murs de l'Alhambra.

MOTIFS GÉOMÉTRIQUES

Les Musulmans ont hérité de l'utilisation des motifs géométriques appliqués à la décoration des édifices de l'architecture classique, ils les ont perfectionnés et les ont élevés à un niveau de complexité et de développement jamais connu auparavant, transformant la décoration géométrique en une modalité artistique de premier ordre. Même si, les motifs géométriques apparaissent sur tous les matériaux utilisés dans l'ornementation architectonique (stuc, bois, brique...), c'est bien sur le revêtement des murs avec les pièces de céramique (azulejos ou faïence) qu'elle acquiert tout son protagonisme.

Dans les motifs décoratifs qui ornent les faïences au sein de l'Alhambra, se cachent des

Détails de l'Arabesque avec des ananas et coquilles intercalés, dans la Cour des lions et le Mihrâb de l'Oratoire du Partal.

régularités géométriques basées sur des figures répétitives, des couleurs qui suivent un modèle de dessin et de transformations géométriques comme les symétries, les rotations ou translations. La géométrie de la décoration aide à avoir des perceptions très diverses. La répétition de figures augmente l'espace à l'infini. Selon où se pose le regard, les différentes manières de percevoir les configurations des motifs invitent à regarder et à regarder de nouveau, pour se surprendre chaque fois avec de nouveaux motifs du même azulejo. La symétrie des formes peut se percevoir comme ordre et harmonie. La couleur et la géométrie bien articulées donnent de la puissance à l'imagination et au plaisir de l'esthétique. Sous-jacente à ces techniques, il y a toujours une réponse à un problème classique de géométrie. Quelles figures géométriques peuvent recouvrir une surface, les unes à côté des autres sans laisser de trous ni se superposer ? Analisons un des dessins les plus représentatifs de l'Alhambra.

Figure 1 : schéma du dessin de la cocotte.

Une des configurations les plus représentatives connue comme "la pajarita" (la cocotte en papier[1]), nous la rencontrons par exemple, sur la partie basse des murs du *patio de los Arrayanes*. L'espace se structure en triangles équilatéraux. On part toujours du triangle, qui se trouvera modifié car trois segments circulaires lui seront retirés. Ces segments se repositionnent de façon à conserver la surface du triangle d'origine. C'est ainsi que l'on obtient la forme finale de cette "cocotte" si connue. Une étoile à six branches et un hexagone, placés alternativement au centre, complètent la configuration. La figure 1 montre le schéma graphique d'ensemble du dessin final. La photo de ce motif apparaît à la page 33.

Une autre des formes, c' est l'étoile que l'on rencontre dans des combinaisons (à 8, 16 branches ou plus), dues à la rotation de carrés. Prenons par exemple une étoile à huit branches, qui trouve son origine dans la rotation du carré d'un angle de 45° (figure 2A). La trame des petits carrés issus de la division de chaque carré, sert de guide pour tracer les figures qui composent l'étoile et les entrelacements du dessin (figure 2B). La composition finale, telle que la montre la photographie peut combiner des étoiles possédant un nombre de branches variable, assemblées entre elles, formant un ensemble, dans laquelle l'entrelacement est le motif décoratif qui unit et parcourt tout le dessin. L'impression finale est une espèce de labyrinthe sans fin, composé de multiples formes colorées qui, vues dans leur ensemble, expriment une autre perspective du paysage géométrique.

[1] Cocotte : ce morceau de papier plié, figurant vaguement une poule

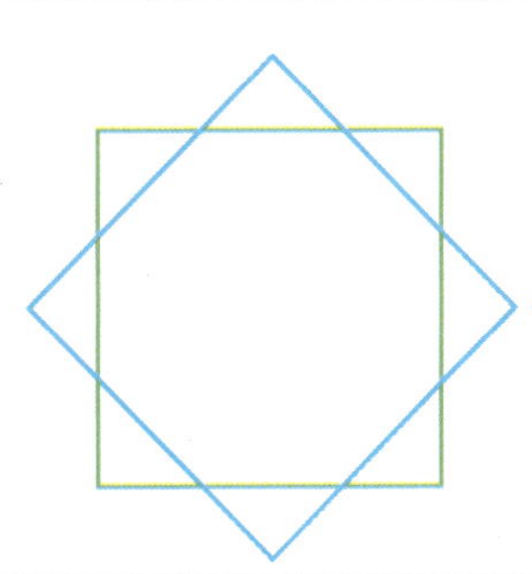

Figure 2A

Figure 2B

Les Palais
Nasrides

Ils forment la Casa Real (Palais Royal) ou Alcazar où se déroulait la vie officielle et familiale des rois nasrides. Il s'agit d'un ensemble de trois palais construits indépendamment ayant chacun une fonction particulière.

Page précédente :
Détail des colonnes de la Cour des Lions.

En haut :
L'ensemble du palais dominant la ville avec, au fond, l'Alcazaba.

En bas :
l'emblématique Fontaine des Lions.

Ils constituent la Casa Real (Palais Royal) ou Alcazar où se déroulait la vie officielle et familiale des rois nasrides. Ils n'occupent pas le centre exact de l'ensemble monumental, mais un côté, et sont orientés vers l'Albaicin. En réalité, il s'agit d'un ensemble de trois palais dont la construction ne fut pas simultanée mais disséminée dans le temps. **Le Mexuar** fut le premier ; par conséquent, au début il servait à la fois de résidence officielle et de demeure familiale du monarque. Par la suite, à l'époque de Yusuf Ier, fut construit le **Palais de Comares** et enfin Muhammad V fit construire le **Palais des Lions**. Chacun de ces palais, construits indépendamment, coexistèrent comme trois dépendances et espaces bien différenciés qui avaient chacun une fonction bien particulière. Le *Mexuar* servait de zone d'audiences destinée au public et à l'administration de la justice ; le *Palais de Comares* était la résidence officielle du roi. Quant au *Palais des Lions*, identifié comme étant le harem, il constituait la demeure familiale et intime de la famille royale à laquelle n'avaient accès que les proches. Ces trois palais indépendants furent unifiés et utilisés comme palais unique après la prise de Grenade.

Les Palais Nasrides,

Les palais Nasrides

LE MEXUAR

1. *Le jardin de Machuca.*
2. *La Tour de Machuca.*
3. *La salle du Mexuar.*
4. *L'Oratoire.*
5. *La cour du Mexuar*
6. *La chambre dorée.*
7. *La façade du Palais de Comares*

LE PALAIS DE COMARES

8. *La cour des Myrtes*
9. *La galerie Sud.*
10. *La galerie Nord.* *(partie cachée par la perspective du dessin).*
11. *La salle de la Barca.* *(partie cachée par la perspective du dessin).*
12. *La salle des Ambassadeurs (partie cachée, dans le prolongement de la Salle de la Barca, occupant l'intérieur de la Salle de Comares).*
13. *La Tour de Comares.*

LE PALAIS DES LIONS

14. *La cour des Lions.*
15. *La salle des Mouqarnas.*
16. *La cour de l'Harem*
17. *La salle des Abencérages.*
18. *La salle des Rois.*
19. *La salle des Deux Sœurs.*
20. *Le Mirador de Lindaraja.*

LES BAINS ROYAUX

21. *Plafonds voûtés des salles des Bains.*

LES DÉPENDANCES CHRÉTIENNES DANS LES PALAIS NASRIDES

22. *Les appartements de l'Empereur.*
23. *La cour de la "Reja" et des Ciprès.*
24. *La cour de Lindaraja.*
25. *Le boudoir de la Reine.*
26. *Couloir aérien communiquant la salle des Ambassadeurs avec les appartements du roi.*

Les Jardins du Partal

1. *Le Palais du Partal et la Tour des Dames.*
2. *Le bassin du Partal.*
3. *Maisons arabes du Partal.*
4. *L'Oratoire.*
5. *Jardins.*
6. *Les restes du Palais de Yusuf III.*

LES JARDINS DU PARTAL ET LE PALAIS DE CHARLES QUINT

LE PALAIS DE CHARLES QUINT

1. Façade occidentale (entrée)
2. Le musée de l'Alhambra.
3. La cour.
4. Le musée des Beaux Arts.
5. La Chapelle.
6. La salle d'introduction à la visite.

Le Mexuar

C'est le plus ancien des trois palais qui constituent la *Casa Real.* Il jouait le rôle, à certains jours bien précis, de Salle d'Audience, de Justice et de Conseil pour les habitants de Grenade. Les divers éléments qui le constituent sont : *le jardin de Machuca, la salle du Mexuar* et *la cour du Mexuar.*

LE JARDIN DE MACHUCA

Il est situé sur le côté est. Il possède une galerie soutenue par des arcades avec une tour annexe et un jardin dessiné au tracé géométrique avec un joli bassin au centre. A l'origine il devait y avoir une autre galerie en face de celle qui existe actuellement. Ce jardin porte le nom de l'architecte du Palais de Charles Quint qui en habita la tour et les dépendances. C'était l'entrée principale du palais pour ceux qui venaient des quartiers de l'Almanzora et de l'Albaicin.

LA SALLE DU MEXUAR

Son aspect est défiguré suite aux transformations faites par les rois chrétiens. A l'époque des Arabes, son toit était ouvert au centre par une lanterne, seul endroit par où pouvait passer la lumière. Il y avait une salle surélevée et fermée par des jalousies où le sultan s'asseyait pour écouter les demandes des Grenadins sans être vu. Les fenêtres latérales n'existaient pas. Quand Charles Quint et les rois chrétiens l'adoptèrent comme chapelle, ils procédèrent aux transformations suivantes : la lanterne du toit fut fermée, on ouvrit les fenêtres latérales, un autel fut installé dans le mur de l'entrée flanqué de pans de céramique où figurent les colonnes d'Hercule avec la missive "Plus Ultra", la salle haute où s'installait le sultan fut enlevée et on construisit, à la place, le chœur de la chapelle, dont il ne reste que le fronton. Le reste de la décoration de la salle est d'origine avec quelques retouches. Depuis les fenêtres, on peut voir le *Jardin de Machuca.*

A gauche :
Le Palais du Mexuar vu de l'extérieur.

En haut :
Détail de la Cour de Machuca.

En bas :
Détail de la façade de Comares, dans la Cour du Mexuar.

En haut :
Détail des murs de la Salle du Mexuar.

A droite :
Salle du Mexuar, qui a considérablement changé suite aux travaux de l'époque chrétienne. Au fond, l'Oratoire, éclairé.

Au fond de la salle se trouve l'**Oratoire**, une petite salle d'où l'on peut voir l'Albaicin avec les restes de la muraille qui l'entourait. La partie supérieure de la salle est décorée d'une frise : "Seul Dieu est vainqueur" avec le blason des Nasrides. Dans l'une des extrémités de l'oratoire s'ouvre une niche ou "Mihrab" qui équivaut à l'autel chez les Chrétiens, où seul l'imam pouvait entrer et diriger les prières. Elle est orientée vers la ville sacrée de la Mecque, à l'est, lieu vers lequel doivent se prosterner les Musulmans lors de la prière.

LA COUR DU MEXUAR

Elle se trouve à la sortie de la Salle du Mexuar. Avec une petite vasque de marbre en son centre, elle est petite et on devine clairement sa fonction de séparation et d'accès. Elle possède deux façades : celle du nord constituée d'un portique de trois arcades qui donne accès à la Chambre dorée (*Cuarto dorado*) et celle du sud qu'on appelle la Chambre de Comares (*Cuarto de Comares*).

La Chambre Dorée est une salle avec un plafond en bois décoré dans l'art arabe ; elle fut dorée avec des "feuilles d'or" à l'époque

chrétienne. Aux temps des Arabes, cette salle s'utilisait pour les réunions du Tribunal de Justice ainsi que pour recevoir les ambassadeurs. Elle servait donc de lien entre le palais public (Mexuar) et le palais officiel ("*Diwan*" ou *Palais de Comares*).

La Façade du Palais de Comares est d'une composition et richesse décorative extraordinaires. Sa partie supérieure est protégée par un large auvent en bois de cèdre aux motifs décoratifs en forme d'ananas et de coquille. Au dessous, les fenêtres fermées avec des jalousies en bois nous indiquent les chambres des concubines qui pouvaient voir sans être vues. Les deux portes de forme rectangulaire et non en forme de fer à cheval, bordées de frises de céramique, marquent l'entrée du palais officiel du sultan.

En entrant par la porte gauche et en suivant son tracé en angles droits et échelonnés, nous arrivons au *Diwan* ou *Palais de Comares*. Il est important de remarquer que l'entrée à une maison, forteresse ou palais musulman ne se fait jamais en ligne droite, le visiteur s'en trouve ainsi déconcerté et l'entrée et la sortie lui sont plus difficiles, restant ainsi à la merci de son amphitrion. Sur les bancs de marbre, s'asseyaient les gardes qui surveillaient l'entrée.

En haut :
Le plafond de la Chambre Dorée. Il a été doré au moyen de feuilles d'or à l'époque chrétienne.

A gauche :
La cour du Mexuar et la façade de la Chambre Dorée.

Page suivante :
La cour du Mexuar et façade du Palais de Comares.

Le Palais de Comares (Diwan)

Il fut construit par Yusuf Ier. On pense qu'il avait une fonction avant la construction du troisième palais, le palais des Lions, et une autre aprés ; là, il servait de salle de travail pour le roi car dans ce palais se déroulait la vie officielle de la cour. Les parties les plus significatives sont : la Cour des Myrtes, la Salle de la *Barca* et la Salle des Ambassadeurs.

En haut à gauche :
détail de l'une des niches à l'entrée de la Salle de la Barca.

En haut à droite :
Jalousies et frise de la Cour des Myrtes.

A droite :
La cour des Myrtes depuis la Salle de la Barca. Au sol, une des deux fontaines circulaires qui symbolisent le cycle de la vie.

LA COUR DES MYRTES (PATIO DE LOS ARRAYANES)

C'est le centre du palais, de forme rectangulaire dans la ligne la plus pure de l'architecture arabe, mesurant 37 mètres de long sur presque 24 mètres de large. Ici l'eau se change en un miroir merveilleux où chaque chose prend une double dimension. Tout se mire dans le bassin avec une précision millimétrique, ce qui donne une sensation d'éternité. Les deux fontaines circulaires des extrémités représentent le processus vital : le jet d'eau, c'est la naissance, qui dans sa chute stagne en un large cercle qui est la continuation de la vie, pour ensuite s'écouler par l'étroit canal, qui représente le crépuscule, et enfin se déverser dans le grand bassin central, l'éternité. Deux rangées de myrtes, plantées de chaque côté de l'eau, donnent son nom à cette cour.

Les deux galeries des côtés nord et sud sont identiques, avec 7 arcs en plein cintre aux chapiteaux décorés à mouqarnas. A chaque extrémité, on trouve deux petites salles utilisées comme lieux de réunions, et lieux de rencontres entre les visiteurs du roi et ses secrétaires, ministres, etc. Ils s'y entretenaient avant l'audience officielle tout

en prenant une tasse de thé et en fumant le narguilé. La galerie sud est attenante au palais de Charles Quint, qu'elle rejoint par sa crypte. La galerie nord, couronnée par la tour de Comares, faisait communiquer le patio avec la Salle de la *Barca* et le Salon des Ambassadeurs. Sur les murs, on peut admirer des poésies d'Ibn Zamrak, à la fois poète renommé et ministre de Muhammad V.

LA SALLE DE LA *BARCA*

Elle est située dans la galerie nord de la cour. On y accède par un arc pointu orné de magnifi-ques motifs végétaux sur ses trompes de voûte. Sur les jambes de cet arc d'entrée, il y a deux niches richement travaillées dans le marbre avec des azulejos de couleurs à l'intérieur. On les utilisait pour y mettre des vases avec de l'eau et des fleurs ou des lampes à huile, selon qu'il faisait jour ou nuit.

Cette salle est l'antichambre du salon royal (*Salle des Ambassadeurs*). Son nom vient soit de la forme en barque inversée de son toit, soit de la transcription du mot arabe "baraka", qui signifie bénédiction et qui figure sur sa frise intérieure. Le plafond est fait suivant le style classique de l'ébénisterie ou taracea dont les Arabes furent les précurseurs en Espagne. Ce plafond n'est pas d'origine ayant brûlé en grande partie dans l'incendie de 1890. Cette salle était utilisée, semble-t-il, comme salle de couronnement des sultans.

LA SALLE DES AMBASSADEURS

Elle se trouve juste derrière la *Salle de la Barca*. C'est la salle la plus grande et la plus élevée de tout le palais. Elle forme un cube parfait et prend place à l'intérieur de la grande *Tour de Comares*. Ses côtés s'ouvrent sur neuf embrasures et fenêtres qui étaient fermées par des verrières de couleurs appelées en arabe "cumarías" d'où vient le nom actuel de la tour.

La décoration ressemble à de grands tapis de stuc accrochés au mur ; il y a différents motifs : des coquillages, des fleurs, des étoiles... Cela nous donne une idée du sens que prend la nature dans l'architecture arabe qui prétend amener la nature dans les maisons. En effet, cette réalité est bien rendue, tant à travers les baies vitrées orientées vers l'extérieur, que dans les jardins et les patios intérieurs, qu'aussi dans son abstraction parfaite ou symbolisme représenté dans les stucs, azulejos et plafonds. Ce goût du naturalisme trouve son origine dans l'esprit panthéiste qui voit Dieu dans l'expression vivante de sa création. La salle était totalement polychromée, de couleur or sur les parties en

En haut :
Vue générale de la Cour des Myrtes. Au fond, la galerie nord et la Tour de Comares.

relief, et de différentes couleurs, toujours claires, sur la partie profonde.

Les écritures sur les surfaces en plâtre des murs de cette salle, sont une autre composante récurrente. Ici on en trouve de deux sortes, coufiques et cursives (voir la monographie dédiée à la décoration et à l'ornementation, page 39). L'écriture coufique est une écriture culte et rectiligne que peu de personnes connaissaient. Nous pouvons la voir sur les azulejos de la partie basse du mur. L'écriture cursive est celle qui est habituellement utilisée dans la majorité des inscriptions de l'Alhambra.

La partie inférieure des murs est décorée d'azulejos. Ceux de cette salle sont sûrement les plus riches de tout le palais. La décoration de la mosaïque tourne autour d'une étoile à huit branches au centre, et autour de celle-ci tournent d'autres étoiles formant des cercles concentriques. Les couleurs s'enroulent en alternance autour du centre formant une progression géométrique. Comme nous l'avons déjà indiqué dans les pages de ce livre dédié à la décoration et à l'ornementation, tout l'art arabe est intimement lié à la perfection spirituelle et mathématique, dans laquelle ils excellaient, comme le montrent leur système numérique, qu'on utilise aujourd'hui, et les traités d'algèbre dont ils furent les inventeurs. Les couleurs les plus abondantes sont le jaune, le bleu, le vert et le noir.

Le sol n'est pas d'origine. En effet, il s'est détérioré et a été restauré vers 1815. Le sol d'origine était fait de céramique émaillée blanche et bleue dont on aperçoit quelques restes au centre de la salle.

En ce qui concerne le plafond, c'est un chef d'œuvre de l'ébénisterie musulmane. La voûte mesure 18 mètres de haut et est faite en bois de cèdre avec des morceaux incrustés de différentes couleurs formant des étoiles. Il y a sept couronnes d'étoiles concentriques pour arriver à la petite coupole centrale. Chaque couronne d'étoiles est un des sept cieux qu'il faut franchir pour atteindre ce *Paradis* représentant *le Paradis Islamique*. Les quatre diagonales du plafond sont les quatre arbres

A droite :
La Salle des Ambassadeurs depuis la Salle de la Barca.

En haut à gauche :
Plafond du Salon des Ambassadeurs. On peut y voir les six couronnes d'étoiles qui précèdent l'étoile centrale, le "Septième Ciel ou Paradis Islamique".

En haut, à droite :
Détail d'une des alcôves du Salon.

Page suivante :
Intérieur du Salon des Ambassadeurs.

ou les quatre rivières de ce *Paradis Islamique* qui, comme celui de l'Ancien Testament, est un éden ou un jardin.

Maintenant, décrivons la véritable disposition de la salle à l'origine. Nous devons imaginer le *Casa Real* comme une demeure habitée et non pas seulement comme un musée sans vie. Tout était disposé selon une pensée réfléchie, exacte, rien n'était laissé au hasard, tout avait une raison d'être, mystique, mathématique ou ésothérique. La salle, de forme cubique, représente le monde et la coupole, le ciel ; tout est sous Dieu. Dans les embrasures des fenêtres, devaient s'asseoir les vizirs du roi, laissant la place centrale à ce dernier qui pouvait ainsi dominer tout l'espace de la salle et l'extérieur. Le visiteur ou l'ambassadeur qui s'entretenait avec lui venait de l'extérieur, du patio inondé par la lumière du jour. Le roi et ses ministres étaient à l'intérieur de la salle entourés de la faible lumière que laissaient passer les verrières colorées des fenêtres. De cette façon, le visiteur, ébloui par l'éclat de l'extérieur alors que son interlocuteur était dans la pénombre, se trouvait en position d'infériorité.

Le jeu des lumières et les baies vitrées sont des détails importants pour comprendre la maison arabe. Les fenêtres qui occupent la partie supérieure ne servent qu'à décorer et à laisser passer l'air. La lumière vient de la partie inférieure, des fenêtres basses, l'Arabe s'accoudant sur des coussins et des divans placés sur le sol. Le chauffage venait des braseros et la lumière des lampes à huile. Tout l'Alhambra est fait pour être vu du sol qui est le lieu où se conjuguent tous les espaces et les jeux de lumières.

Terminons par un peu d'histoire puisque ce fut dans ce salon que Boabdil se réunit avec ses nobles et accorda la reddition de Grenade. Là, elle fut signée et là Charles Quint, surpris par la beauté de cette citadelle et de la ville, s'exclama : "malheureux celui qui a perdu tant de beauté".

Le Palais des Lions (Harem)

La vie privée du roi et de sa famille se passait dans ce troisième palais de la *Casa Real.* Le célèbre *Patio de los Leones* (Cour des Lions) occupe le centre autour duquel s'organisent les autres salles : la salle des *Mouqarnas, la salle des Abencérages, la salle des Rois et la salle des Deux Sœurs.* Puis, en suivant l'itinéraire de la visite, nous trouvons d'autres dépendances, certaines construites par les Chrétiens et d'autres par les Arabes comme *les Bains*, d'un très grand intérêt.

La construction du palais commença en 1377, sous Muhammad V, fils de Yusuf Ier. L'architecte fut Aben Cencid (ou Cean), selon Rafael Contreras, architecte conservateur de l'Alhambra. Bien que sa disposition soit un peu grande pour une résidence, il y a peu de doutes quant à sa fonction (harem), si l'on considère la forme du groupe d'alcôves autour du patio, la structure haute et ouverte sans fenêtres donnant à l'extérieur et le jardin intérieur, caractéristique de l'"hortus conclusus" (jardin fermé) qui correspond à l'idée arabe du paradis. Le même mot, harem, "al haram", signifie sanctuaire.

LA COUR DES LIONS

Tout ici est une authentique allégorie au paradis. La construction est une authentique oasis pétrifiée et vivante à la fois. Les 124 colonnes de marbre de Macael (Almeria), qui entourent le patio, symbolisent une forêt de palmiers. Les colonnes possèdent une plaque de plomb entre le chapiteau et le fût, et une autre entre le fût et la

Page précédente :
La Cour des Lions depuis la Salle des Mouqarnas.

En haut :
Détail d'une des galeries de la cour.

A gauche :
Détail de la fontaine.

base qui servent de joint de dilatation et de système antisismique en cas de tremblement de terre.

Il existe des doutes sur ce qu'il y avait sur le sol de la cour à l'époque nasride. Une théorie laisse supposer qu'un jardin était planté à un niveau plus bas que le sol actuel, de façon à ce que les fleurs et les arbustes n'obstruent pas la perspective du patio, tout en formant une sorte de tapis de couleurs. Cette idée du jardin se fonde sur quelques vieux dessins et sur des vers d'Ibn Zamrak qui apparaissent sur la partie basse des murs de la Salle des Deux Soeurs et qui y font référence. Une théorie plus récente maintient qu'il n'y avait pas de végétation. Les descriptions les plus anciennes de cette cour indiquaient qu'elle était recouverte de plaques de marbre et que le jardin qui apparaît sur quelques anciennes gravures fut planté après l'époque nasride.

La disposition de la cour n'est pas entièrement la disposition arabe, elle possède plutôt par certains aspects des similitudes avec un patio de maison romaine. Le petit cloître autour est sans doute d'influence chrétienne. Son tracé est extrêmement compliqué puisqu'il a sept axes de symétrie. Les deux pavillons des côtés est et ouest disposés en face l'un de l'autre, nous rappellent par leur forme, la tente nomade des peuples arabes.

De chacune des salles autour du jardin coulent quatre rigoles menant l'eau vers le centre pour être déversée sous la fontaine. Elles font allusion aux quatre rivières du Paradis. Elles sont situées sur un plan plus élevé de manière à ce que l'eau puisse couler et rester toujours propre pour les ablutions.

Ce qui attire le plus l'attention dans la Cour, c'est la fontaine avec ses lions dont elle tire son nom ; son origine et signification donnent aussi lieu à d'innombrables légendes. Que représente cette fontaine au centre du harem ? Certains pensent qu'elle représente les douze mois de l'année, d'autres disent que ce sont les douze signes du zodiaque, d'autres encore, plus légendaires pensent qu'il s'agit d'une princesse dont les larmes, en tombant sur la Cour, firent émerger douze lions. Cependant, la plus probable, si l'on tient compte de la forme, est celle qui trouve son origine dans l'art hébreu, dans la "Mer de Bronze" du temple de Salomon. Ce sont douze lions de marbre blanc qui soutiennent la mer, les douze lions de Judas ou les douze tribus d'Israël. Un élément appuyant cette théorie est le fait que deux de ces lions sont marqués d'un triangle

En haut :
Vue générale de la Cour des Lions.

La vasque située au-dessus des lions et qui contient des vers d'Ibn Zamrak est d'origine arabe mais ce n'est pas l'originale, il en existait une autre auparavant.

LA SALLE DES MOUQARNAS
(Sala de los Mocárabes)

Des quatre salles qui entourent la Cour, celle-ci est la première que nous trouvons en entrant par la Cour des Myrtes. Son nom vient sans doute des trois arcs à mouqarnas donnant accès à la Cour, et de leur voûte aussi à mouqarnas. Une partie de la toiture date du XVIIIe siècle. Des quatre, c'est celle qui offre le moins d'intérêt.

LA SALLE DES ABENCÉRAGES

On la trouve sur le côté sud de la Cour. Cette salle semble avoir été la chambre à coucher du roi. Elle est carrée et au centre se trouve la fameuse fontaine, où furent décapités selon la légende, les trente-six chevaliers Abencérages, d'où le nom de cette salle. Ceux-ci furent égorgés à cause de l'adultère de la favorite du sultan avec l'un d'entre eux. Le roi, aidé par la déclaration des Zégries faite contre les Abencérages, invita ces derniers dans ses appartements et à mesure qu'ils entraient, il leur coupait la tête, jetant le sang dans la vasque pour ne pas alerter les autres. Tout cela se passa lors des règnes de Muley Hacem, Boabdil ou Muhammad XI "le Boîteux".

En haut, à gauche :
fontaine centrale de la Cour des Lions ; sur la vasque, il est écrit que l'absence de vie empêche les lions d'exercer leur furie.

En bas à droite :
Détail des colonnes et des mouqarnas à côté de la salle qui en porte le nom.

équilatéral sur leur front, représentant les deux tribus élues (Judas et Lévi). La provenance de cette fontaine (XIe siècle) antérieure au palais, et son probable emplacement dans la maison du vizir juif et poète Samuel Ibn Negrela qui l'offrit à son roi laisse peu de doutes sur la question. Magnifique cadeau qui nous rappelle la paix et la cohabitation qui existaient en Espagne, à l'époque médiévale, entre les trois religions monothéistes (juive, musulmane et chrétienne), ce qui donnait à ce pays une suprématie dans le monde occidental, surtout à Cordoue, Tolède, Séville et finalement à Grenade.

Cependant, les parties basses des murs ne sont pas d'époque mais appartiennent au style andalou et proviennent de la fabrique d'azulejos de Séville datant du XVIe siècle environ.

La partie haute est occupée par le "Chanan" qui était le haut harem, ou partie des femmes, formé de longs couloirs entrecoupés de patios pour se détendre et avec des balcons donnant sur la *Cour des Lions*.

A gauche :
La Salle des Abencérages. La légende raconte que les chevaliers de la célèbre famille des Abencérages y furent assassinés.

En bas :
La coupole de la Salle des Abencérages. Les mouqarnas représentent les stalactites de la grotte où, selon la légende, vécut le prophète Mahomet.

Sur cette fontaine, on peut observer toute la panoramique extérieure reflétée. Au plafond, s'élève la magnifique coupole en forme d'étoile à huit branches à mouqarnas de stuc qui nous donne l'impression d'être dans une grotte de stalactites avec son lac représenté par la fontaine.

Comme il s'agissait d'une salle privée, il n'y a pas de fenêtres donnant à l'extérieur de façon à ce que personne ne puisse s'immiscer dans la vie privée du roi. Les jalousies de la partie supérieure servent uniquement à laisser passer la lumière. La salle est divisée en deux parties égales des deux côtés. L'une serait donc l'alcôve et l'autre le salon, avec seulement des tables basses, des divans, des lits turcs et des braseros. Dans la maison arabe, la structure de la maison européenne avec un grand nombre de pièces et un excès de meubles inutiles n'est pas concevable.

La majeure partie des ouvrages en plâtre sont d'origine de même que les couleurs.

LA SALLE DES ROIS

Elle est située à l'est de la Cour des Lions. C'est la salle la plus longue du harem et elle est divisée en trois pièces égales et deux autres plus petites qui pourraient être des armoires en raison de leur emplacement et du manque de lumière. Aux voûtes des trois pièces apparaissent des peintures mauresques faites sur cuir qui relatent des scènes de contes frontaliers. La peinture de la grande salle centrale représente dix rois maures qui pourrraient bien être des rois de l'Alhambra, surtout à cause de l'image de deux d'entre eux qui ont la barbe rouge. L'un pourrait être celui appelé "le Vermeil". La forme de ses yeux en amande, ses vêtements ainsi que ses baudriers et ses épées ne laissent aucun doute sur l'origine maure du peintre. La salle doit son nom aux peintures de cette salle centrale. Les peintures des pièces latérales pourraient avoir subi les influences chrétiennes de par les thèmes qu'elles présentent : chevaliers et dames chrétiennes. Ceci étant dû, sans-doute, aux bonnes relations entre Musulmans et Chrétiens sous les règnes de Muhammad V et Pierre Ier "le Cruel". Ce dernier, roi chrétien, eut même à solliciter l'aide du roi maure de Grenade pour restaurer ses palais des *Reales Alcázares* de Séville. Ces peintures ont fait l'objet de nombreux débats surtout à cause de l'existence de figures humaines que les lois coraniques semblent interdire de représenter ou tout du moins sont peu fréquentes.

La disposition de cette salle est curieuse. C'est la plus longue de tout le harem et même de la *Casa Real,* ornée de coupoles à mouqarnas. Elle a pu servir de salle du conseil ou de réunion pour le sultan, ses ministres et ses généraux pour parler des affaires d'état ou de justice. Il les faisait entrer par une porte à l'écart qui se trouve près du vestibule de la troisième petite salle. Mais il semble difficile que le sultan ait fait entrer quelqu'un à l'intérieur de cette salle puisqu'elle faisait partie du harem. Il est probable qu'elle servit de salle pour les fêtes de famille ou de salle fraîche l'été vu son amplitude et les pièces adjacentes ouvertes, sans portes ce qui apportait encore plus de fraîcheur. C'est dans cette salle que fut dite la première messe lorsque les Rois Catholiques entrèrent dans Grenade.

Page précédente :
Salle des Rois. Là fut célébrée la première messe dans l'Alhambra, quand les Rois Catholiques entrèrent dans Grenade.

En bas :
Peintures sur cuir de l'une des pièces latérales de la Salle des Rois ; elles représentent des scènes médiévales entre Musulmans et Chrétiens.

A gauche :
La Salle des Deux Sœurs

A droite :
Détails d'un ouvrage de plâtre et d'une des fenêtres de la Salle.

Page suivante :
Détails de la coupole de la Salle des Deux Sœurs.

LA SALLE DES DEUX SŒURS

Elle est située à côté de la *Salle des Rois*, du côté nord du patio, et c'est une des plus belles salles du palais. Deux théories expliquent l'origine de son nom ; la première prétend qu'il vient des deux dalles centrales en marbre blanc de Macael que l'on peut voir de chaque côté de la fontaine centrale. Elles font exactement la même taille (les plus grandes de l'Alhambra), le même poids et ont la même couleur. Une autre théorie, sans doute plus plausible, se réfère aux poésies écrites sur les murs de cette salle ; l'une d'elles pourrait nous donner l'origine du nom : "la constellation de Gémeaux tend la main en signe d'amitié et la lune se rapproche d'elle pour lui parler en secret". Nous aurions donc les deux jumeaux (Gémeaux) qui se rapprochent de la salle.

La salle était destinée aux dames distinguées ou favorites du sultan qui vivaient avec une certaine indépendance. Elle a un mirador qui donne sur la ville et elle communiquait directement avec les *Bains* par une petite porte qui se trouve à gauche.

A l'entrée de cette pièce, tout comme dans la *Salle des Abencérages*, il y a deux petites portes. Celle de droite donne sur le "chanam" ou haut harem. Celle de gauche est l'entrée d'un cabinet de toilette. Cependant, il n'y pas traces de cuisines dans tout le harem ; en effet, l'Arabe faisait la cuisine sur des réchauds à charbon ou des réchauds portatifs, de cette façon, la suie disparaissait rapidement ainsi que l'odeur de cuisine. Dans le palais, on cuisinait à l'extérieur pour ne pas mélanger l'odeur avec l'arôme des fleurs.

La coupole de la salle est magnifique et il faut souligner les creux qu'elle présente donnant une sensation d'éloignement et de mouvement pour trouver de nouveau le symbolisme de la voûte céleste. Au fond de cette salle, se trouve le *Mirador de Lindaraja.*

LE MIRADOR DE LINDARAJA

C'est une petite pièce qui était le lieu de détente de la favorite du sultan. Son nom vient de la décomposition des mots arabes qui la forment : "Lin-dar-Aixa", soit "la maison de la Sultane". Sa délicatesse et sa beauté en font l'une des salles les plus spectaculaires de l'Alhambra. Pièce soignée dans les moindres détails puisque, jusqu'à la fin de la journée elle devait être magnifiquement décorée. Elle possède une splendide coupole de bois incrustée de verres de couleur qui, traversés par le soleil, coloraient les murs. La pièce s'ouvrait sur Grenade et sur la rivière Darro ce qui permettait la rêverie et le repos. Les fenêtres sont basses, ceci étant dû à la coutume musulmane de s'asseoir par terre sur coussins et ottomanes. La vue sur la ville se perdit lorsque l'Empereur Charles Quint ordonna la construction d'un pavillon annexe à la salle entourant complètement le mirador. Heureusement, pour y pallier, il fit planter un jardin ; il s'agit en fait d'un patio qui se trouve juste en-dessous du *Mirador de Lindaraja* et qui est connu sous le nom du *Jardin ou Patio de Lindaraja.*

A partir de cette zone du palais, nous trouvons une série de dépendances et de salles, résultat des nouvelles constructions ou des modifications d'autres bâtiments déjà existants que les Chrétiens entreprirent et qui avec les *Bains,* représentent la fin du parcours du Palais.

Dépendances chrétiennes dans le Vieux Palais Royal

Page précédente :
Mirador de Lindaraja

En haut à gauche :
Détails de l'une des peintures à l'intérieur du Boudoir de la Reine (Peinador de la Reina).

En haut à droite :
Galerie construite à l'époque chrétienne. Au fond, la tourelle du Boudoir de la Reine.

Lorsque les Rois Catholiques conquirent Grenade, ils furent frappés par l'immense beauté du palais nasride, à tel point qu'ils y établirent leur résidence pour leurs séjours à Grenade, l'appelant "le Palais Royal de l'Alhambra". Comme nous avons déjà dit, ils menèrent à bien quelques modifications et réparations dans certaines dépendances. Quand Charles Quint arriva à Grenade, à l'occasion de son voyage de noces avec Isabelle de Portugal, il sut également apprécier l'hospitalité et la beauté de la ville et d'un monument si singulier. C'est ainsi qu'il décida de construire un nouveau palais incorporé au Palais Royal mais avec un style plus en accord avec le mode de vie et la culture occidentale et qui, pour le différencier de l'ancien serait connu comme "le Nouveau Palais Royal".

Cependant, étant donné que la construction de ce nouveau palais aurait été coûteuse et longue dans sa réalisation, il entreprit la construction de dépendances à l'intérieur du palais arabe ou du Vieux Palais Royal, sans doute beaucoup plus rapide et moins coûteuse que celle du futur Palais de Charles Quint. Ces dépendances seraient utilisées par l'Empereur et sa famille lors de ses futures visites à Grenade.

Ces nouvelles dépendances supposèrent une expansion du Palais Royal se trouvant à la limite de celui-ci :

LES APPARTEMENTS DE L'EMPEREUR

Ils sont contigus à la *Salle des Deux Soeurs*. La seule salle que l'on puisse visiter, est la salle décorée avec des plafonds à caissons et la devise "Plus Ultra" avec les initiales "K" et "Y" qui représentent les noms de l'Empereur et de l'Impératrice ("K" pour Karl ou Karlo V et "Y" pour Ysabel, son épouse, princesse du Portugal). Plus tard, l'écrivain américain Washington Irving, qui vécut dans l'Alhambra, habita trois de ces pièces où il écrivit les très célèbres *Contes de l'Alhambra* qui ont tant aidé à répandre la réputation du monument et de Grenade. Il existe une plaque de marbre à la mémoire de cet écrivain, rappelant qu'il y a vécu.

cyprès centenaires qui l'entourent et aussi de la grille qui fut construite pour faire communiquer la *Salle de la Barca* avec les *Appartements de l'Empereur.*

LA COUR DE LINDARAJA

Ce patio est un jardin italien avec une fontaine Renaisssance au milieu et une vasque en marbre blanc. Elle est située juste au-dessous du *Mirador de Lindaraja*, dont elle tire son nom et est contiguë à la Cour de la Grille. Cette cour aménagée en jardin est le résultat des travaux menés à bien par Charles Quint. L'espace de Lindaraja n'a désormais plus ses vues sur l'Albaicin et la vallée.

LE BOUDOIR DE LA REINE

Il s'agit d'un magnifique mirador que l'on trouve à côté des *Appartements de l'Empereur*, appelé ainsi parce qu'il a été transformé en boudoir pour l'impératrice Isabelle, également utilisé par la suite par Isabelle de Parme, épouse de Philippe V. Il occupe la partie supérieure d'une tour arabe que Yusuf Ier, appelé aussi Abul-Hachach, avait fait construire, d'où le fait que cette tour soit aussi connue comme la **Tour de Abul-Hachach**. Selon la tradition, cette tour était utilisée par le sultan comme lieu de détente et de fêtes. Ce boudoir (pas toujours ouvert au public) était orné à l'intérieur de fresques de Julio Aquiles et Alexandre Mayner, tous deux italiens, qui peignirent des scènes Renaissance représentant des métamorphoses en animaux et en plantes et autres allégories sur les expéditions de Charles Quint à la Goëlette, à Tunis et en Sicile.

A gauche :
Détails de la Cour de la Grille ou des Cyprès.

En bas :
La Cour de Lindaraja.

LA COUR DE LA GRILLE OU DES CYPRÈS

On y accède par un couloir aérien construit à l'époque chrétienne qui faisait communiquer le harem avec la *Salle des Ambassadeurs* d'où l'on a une splendide vue sur l'Albaicin, le Sacromonte et la Vallée du Darro. C'est une cour paisible et élégante dans le style italien, avec une petite fontaine au milieu. Cette cour tient son nom des quatre

A gauche :
Détail des Stucs de la Salle du Repos.

A droite :
Bains du Roi dans la Salle d'Immersion

Les Bains Royaux

Leur construction se réalisa sous le règne de Yusuf Ier (1333-1355). Ils ne sont pas toujours ouverts au public pour des raisons de conservation mais ils sont de grand intérêt dû à la fonction et signification qu'ils ont dans la vie de l'Arabe. On les connaît aussi comme les *Bains du Palais de Comares* puisqu'ils appartenaient à ce palais. De fait, à l'époque nasride, on y accédait depuis une des portes qui se trouve à côté de la Salle de la *Barca* dans le *Patio de los Arrayanes* (Cour des Myrtes). L'entrée actuelle, au rez-de-chaussée est une transformation qui date de l'époque chrétienne.

Pour l'Arabe, le bain est une obligation religieuse étant donné que le Coran leur demande de laver leur corps pour laver leur esprit. Les bains arabes sont une copie des thermes romains bien que plus petits et généralement adaptés aux nécessités d'une maison ou d'un palais. On sait qu'il y avait dans l'enceinte de l'Alhambra de nombreux bains, certains publics, comme ceux qui sont à côté de la Mosquée, d'autres privés. Il était normal que chaque maison importante ou palais eût ses propres bains. Ainsi, le Généralife ou même le Palais des Lions devaient en avoir. Actuellement ils n'existent plus ; la cause de cette quasi disparition des bains de l'Alhambra vient du fait qu'au cours de la Reconquête, ils furent interdits par décret du Roi. Les Chrétiens les considéraient comme maléfiques symbolisant les pratiques religieuses musulmanes. Si les bains du Palais de Comares sont les seuls qui aient survécu, c'est parce qu'ils ont été réhabilités par Charles Quint pour son usage personnel.

Comme nous l'avons déjà mentionné, les Musulmans organisent les bains à partir de la structure des thermes romains mais avec quelques modifications. Normalement, ils se divisent en quatre salles qui existaient aussi dans les bains romains : "apoditerium", salle sèche pour changer de vêtements et pour se reposer après le bain ; "frigidarium", "tepidarium" et "caldarium" salles humides ou de bains proprement dites, avec de l'eau, des températures élevées et de la vapeur. La grande différence serait dans le "frigidarium" ou salle froide puisque dans l'Alhambra, plus d'une salle serait un frigidarium, sorte de vestibule dans lequel il n'y a aucun

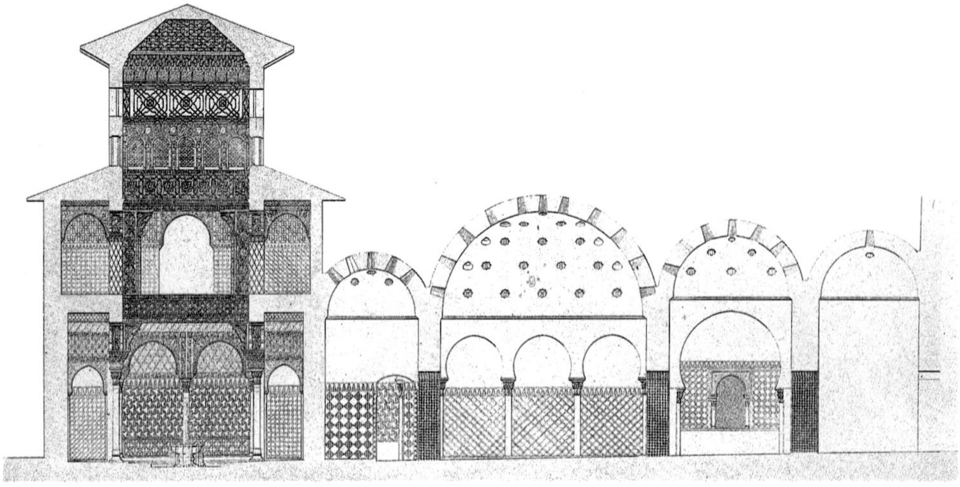

En haut :
Dessin d'Owen, où l'on distingue les différentes salles formant les bains.

bassin d'eau froide comme l'avait le "frigidarium" romain, mais seulement un petit bassin pour les ablutions. Le "tepidarium" serait une salle tiède et de massages et le "caldarium" une salle chaude destinée au bain chaud et à l'immersion. Contigus à cette dernière salle et séparés par un mur étroit, se trouvaient les fours et la chaudière où on chauffait l'eau et l'air.

A l'époque médiévale, il existait seulement deux portes d'accès depuis l'extérieur qui correspondaient à des secteurs indépendants et isolés : la porte utilisée par les baigneurs à l'intérieur du palais et qui se trouvait dans la *Cour des Myrtes* (puis changée par les Chrétiens) et la porte du four, en bas, à côté de la galerie ouest du *Patio de Lindaraja* par laquelle entrait le personnel qui maintenait la température de la chaudière. Les Chrétiens firent des réformes ; la plus significative fut l'ouverture de quelques portes ce qui détruisit l'isolement original du bain si nécessaire pour éviter la perte d'air chaud et protéger l'intimité. Passons maintenant à la description de chacune de ces salles.

LA SALLE DU REPOS

Ce serait la salle de déshabillage et de repos ("apoditerium"). Elle n'existait pas dans les bains publics, du moins avec l'importance et la somptuosité qu'elle avait dans les bains royaux. C'est par là que l'on accède aux bains. Elle contient des lanternes et des divans disposés des deux côtés de la pièce, dans les niches latérales. Ces lits ou appuis étaient couverts de coussins et de tapis sur lesquels la famille royale se reposait après le bain. C'était là qu'on se déshabillait avant le bain, que l'on revenait après se reposer, parler avec les femmes du harem ou simplement rester là. On pouvait même y manger et donc y rester assez longtemps. C'est une des salles les plus restaurées de l'Alhambra à laquelle on a rendu la polychromie sur ses murs, peut-être avec des couleurs qui ne correspondent pas à celles d'origine.

Elle a la particularité de posséder deux niveaux : dans la galerie supérieure, des groupes de musiciens ou de chanteurs récitaient des vers ou jouaient des instruments. D'après la légende, ils étaient aveugles pour les empêcher de voir les dames nues. Des groupes de danseuses (odalisques) dansaient dans le patio. Là on se déshabillait pour se couvrir d'un linge blanc et léger, surtout la tête et les épaules et enfiler des babouches avec des semelles en bois qui permettaient d'entrer dans la zone du bain car le sol y était chaud. Les légendes disent aussi, selon Gallego y Burín, que le sultan utilisait la galerie haute pour choisir la dame qui passerait la nuit avec lui, et il exprimait son choix en jetant, à l'élue, une

En haut :
La Salle du Repos. Salle à deux étages, l'une des plus restaurées de l'Alhambra.

pomme depuis la galerie. Si cette *Salle du Repos* est très restaurée, le reste est presque intact, à tel point, qu'à la fin du XVIIIe siècle, la grande chaudière en cuivre qui servait à chauffer l'eau était encore à sa place d'origine. A la différence de cette salle, riche en décoration et ornementation, les suivantes sont beaucoup plus sobres. Dans ces dernières, le plafond est une voûte avec des trous en forme d'étoiles à huit branches par où entrait la lumière.

LA SALLE FROIDE

Celle-ci serait la première des salles pour le bains ou hamman. Cependant, il ne s'agissait pas d'un authentique "frigidarium" mais plutôt d'une sorte de vestibule d'acclimatation aux autres salles, plus chaudes. Elle ne possède pas le bassin d'eau froide des thermes romains, il est remplacé par une petite vasque qui s'utilisait pour les ablutions partielles car, comme le prescrit le Coran, avant de prier, il faut se laver : "laver les yeux jusqu'au front, la bouche jusqu'au cou, les mains jusqu'aux coudes et les pieds jusqu'aux chevilles" c'est-à-dire tout ce qui dans le corps mène au péché pour les Musulmans. La petite porte qui se trouve sur un des côtés devait être celle des latrines.

LA SALLE TIÈDE

Cette salle ("tepidarium") devait rester fermée pour que les fumées de vapeurs ne passent pas dans la salle précédente. La porte que l'on trouve actuellement dans le mur ne devait pas exister à l'époque médiévale car elle aurait provoqué une perte de chaleur. C'est la pièce centrale, la plus importante des bains, c'est aussi la plus large. Les lucarnes étoilées des voûtes étaient couvertes de verres teintés. L'eau passait par les canaux du sol et à son tour le marbre était chauffé par des conduits souterrains produisant de la vapeur en abondance. De chaque côté, séparées de l'espace central par des arcatures triples, se trouvent des alcôves dans lesquelles ils devaient, sans doute, rester assis ou allongés pour recevoir le massage.

LA SALLE D'IMMERSION

C'était la salle chaude ("caldarium"). On y trouve deux compartiments de chaque côté, chacun avec une vasque, une pour le bain chaud et l'autre pour le froid. Dans le compartiment de droite se trouve la vasque connue sous le nom de *Bain de la Sultane*, la vasque du compartiment de gauche est plus grande et elle est connue sous le nom de *Bain du Sultan,* au dessus de celle-ci se trouve une niche où l'on peut lire une inscription dédiée au constructeur de ces salles, Yusuf Ier. Deux robinets donnent l'eau chaude et l'eau froide. Cette salle était adossée au four parce que c'était celle-ci qui devait atteindre les températures les plus hautes ; de fait, au centre, le mur sud (celui qui touchait le four) est plus mince pour que la chaleur passe le mieux possible.

La vapeur ouvrait les pores et pour favoriser ce processus, ils se frottaient le corps avec des crins de chevaux, puis se savonnaient ; finalement, ils se mettaient dans le bain et se rinçaient. Puis, ils revenaient dans la première salle où ils prenaient un long moment de détente comme nous l'avons décrit.

LES DÉPENDANCES DU FOUR

Ces dépendances se trouvent isolées du reste des bains, non seulement pour empêcher le passage de la fumée vers les zones de bains, mais aussi pour les séparer des travailleurs du four, marchands de bois et autres personnes qui ne faisaient pas partie du personnel au service du palais (comme celui qui pouvait travailler dans les zones de bains). De plus, le continuel déplacement que requiert ce type de travaux comme couper le bois, l'entreposer, ou alimenter la chaudière aurait troublé le climat de calme et de tranquillité des salles. Cependant, une communication souterraine existait entre le four et le "caldarium". Cette communication était le "hipocausis", un conduit souterrain par lequel circulait l'air chaud qui sortait du four et réchauffait le sol en marbre du "caldarium". La chaudière était alimentée avec des bois aromatiques.

L'entrée de ces dépendances qui se faisait de l'extérieur du palais, se trouvait au bout de la *rue des marchands de bois*, aujourd'hui disparue. Cette rue a disparu comme "espace urbain" pour construire les appartements de Charles Quint. Une partie de cette rue parcourait ce qui aujourd'hui est la galerie occidentale du *Patio de Lindaraja*, la même par laquelle on visite actuellement les bains.

A droite :
La Salle Tiède : c'est la pièce centrale et la plus vaste.

Le Partal et Les Tours

Jadis, cette partie du monument était occupée par de somptueuses résidences où vivaient les plus illustres familles de l'Alhambra. Là, se trouvent aussi les plus belles tours qui, par leur richesse intérieure, ressemblent à de petits palais.

Autrefois, cette partie de l'Alhambra était la partie de la ville où habitaient les familles les plus illustres. A une autre époque, ces jardins étaient occupés par des résidences nobles et de beaux palais dont il ne reste aujourd'hui, à part le *Palais du Partal (Tour des Dames)*, le petit oratoire et quelques maisons, que des vestiges et des ruines. Là, se trouvent les plus belles tours de l'Alhambra orientées vers l'Albaicin, authentiques demeures dignes d'un palais, plus conçues pour l'habitation et la jouissance du paysage que pour la défense de la ville.

Les jardins du Partal ne sont pas de l'époque musulmane mais de création plus récente. Lors des fouilles dans cette zone de l'enceinte, on a trouvé des restes d'édifications dont les murs et les dallages incomplets dépassaient à peine le mètre. C'est pourquoi, peut-être pour éviter la triste vision de ruines arides, on a choisi de les aménager en jardins et de remettre l'eau dans les bassins en ruines, dans les petits canaux et dans les fontaines qu'on avait trouvées. Ces jardins ont donc servi à embellir et à aménager des vestiges archéologiques qui renfermaient les palais et les résidences de l'aristocratie nasride à l'époque musulmane. (Jesús Bermúdez Pareja. Cahiers de la Caja de Ahorros : "le Partal et le Haut Alhambra").

A gauche :
Le Palais du Partal ou Tour des Dames.

En haut à droite :
Le Bassin et les jardins du Partal.

En bas à droite :
Détails du Portique de la Tour des Dames.

En haut à gauche :
Oratoire du Partal depuis le portique du Palais.

En haut à droite :
Bassin du Palais de Yusuf III.

LE PALAIS DU PARTAL (LA TOUR DES DAMES)

C'est le palais le plus ancien qu'on conserve. Il date de l'époque de Muhammad III (1302-1309). Son nom vient du mot arabe *Partal* qui signifie "portique", celui-ci étant l'élément architectonique qui apparaît le plus nettement. Depuis le XVIe siècle, on le connaît aussi sous le nom de la *Tour des Dames*. La tour, avec sa galerie qui a un portique de cinq arcs et le bassin, sont les éléments qui nous permettent d'imaginer comment pouvait être le palais à l'époque. En effet, on ne sait pas avec exactitude s'il y avait des bas-côtés ou des murs tout autour du bassin.

Nous trouvons trois espaces bien différenciés : *la galerie avec portique*, dont il faut noter le plafond en bois, *la salle*, au fond, où l'on trouve des restes de faïences sur la partie basse des murs ; et *le mirador supérieur* ou *"palomar"* avec des ouvrages en plâtre de grande valeur de par leur beauté et ancienneté. Le plafond de ce mirador, en forme de coupole en bois sculpté, est une copie. L'original fut vendu au dernier propriétaire de la tour, un allemand appelé Gwinner. Aujourd'hui le plafond se trouve dans l'Islamisches, au Musée de Berlin. L'intérieur du mirador n'est habituellement pas ouvert au public.

L'ORATOIRE

Il est situé à côté de la *Tour des Dames*. C'est une petite construction indépendante avec deux fenêtres latérales qui permettent de contempler les magnifiques vues et paysages qui l'entourent. Certaines personnes trouvent cela étrange car la beauté extérieure qui l'enveloppe peut représenter une distraction pour la prière. Cependant, nous ne devons pas oublier que, pour les Musulmans, la nature représente l'existence de Dieu et du Paradis. L'intérieur est de toute beauté et il est composé de cinq panneaux qui représentent les cinq piliers du Coran. Le centre est occupé par le Mihrah, en forme d'arc en fer à cheval avec au-dessus trois coquilles dorées.

LE PALAIS DE YUSUF III

De ce palais, situé dans ce qu'on appelle le *Haut Partal*, il ne reste que des ruines. Cependant, on sait qu'il était, après les palais qui forment le Palais Royal, le plus grand et le plus important de l'Alhambra. Il fut construit par Yusuf III (1408-1417). A l'époque chrétienne, il fut cédé par les Rois Catholiques au premier Gouverneur de l'Alhambra, Don Iñigo de Mendoza. Don Iñago possédait les titres nobiliaires de Marquis de Mondéjar et de Comte de Tendilla ; c'est pourquoi le palais est également connu sous ces deux noms.

On ne peut éviter de s'interroger sur la manière dont a pu disparaître presque totalement un édifice d'une telle beauté et d'une telle envergure. L'explication est la suivante : lorsque s'est produit le conflit de la succession pour la couronne d'Espagne entre les Bourbons et les Autrichiens, les descendants du Comte de Tendilla donnèrent leur appui à la Maison d'Autriche. Quand les Bourbons accédèrent au trône, en représailles, ils retirèrent à cette famille noble de Grenade, tous leurs droits sur le palais de l'Alhambra. Aussi, la famille Tendilla décida-t-elle, avant de l'abandonner, de le détruire pour que personne ne puisse plus jamais l'occuper.

Parmi les ruines, on peut encore voir, disséminées dans les jardins, celles de la cour principale qui, de par les dimensions de son bassin (similaires à celui du *patio de los Arrayanes*), nous aide à nous faire une idée de l'importance et de l'envergure que devait avoir le palais. De même, l'importance des vestiges de ce qui devait être des bains, indique qu'ils devaient appartenir à un ensemble de grandes dimensions.

En haut à droite :
La Tour de la Captive et le chemin de ronde.

En bas à droite :
La Tour des Pics et le bastion extérieur construit par les Chrétiens.

LES TOURS

On ne fera pas référence ici à toutes les tours de l'enceinte, qui s'élevaient au moins au nombre de vingt-deux (à l'origine plus de trente), mais à celles que l'on trouve dans cette zone, toutes orientées vers le Généralife et l'Albaicin, comme *la Torre de los Picos (Tour des Pics), la Torre de la Cautiva (Tour de la Captive)* et *la Torre de las Infantas (Tour des Infantes)*. Ces deux dernières sont comme des petits palais et elles sont, grâce à l'intérieur, les plus belles de l'Alhambra. Pour des raisons de conservation, elles ne sont pas toujours ouvertes au public.

Ci-contre et en bas :
Vues extérieures de la Tour de la Captive.

Page suivante :
Intérieur de la Tour de la Captive, qui, par sa riche décoration, est semblable à un petit palais.

tout les bordures carrelées des fenêtres qui, grâce à la variété des couleurs et aux dessins géométriques, sont parmi les meilleures de l'Alhambra. Elles ont aussi des inscriptions sur la partie supérieure, comme celles du mirador de Lindaraja.

Cette tour doit son nom au fait que, selon la légende, y vécut isolée la favorite du roi Muley Hacem, la dame chrétienne Isabel de Solís, par la suite appelée Zoraya (étoile du matin). Ces amours provoquèrent la jalousie d'Aixa, l'épouse légitime, et l'affrontement du roi avec l'illustre famille des Abencérages ; ceux-ci en effet, considérèrent que la reine avait subi une grande offense et humiliation à cause de cette chrétienne.

– La Tour des Pics : vue de l'extérieur, c'est la plus particulière de par ses créneaux en merlons pointus *(picos)* d'où elle tire son nom. A l'époque musulmane, c'était là que se trouvait la porte d'accès de l'Alhambra au Généralife, la *Porte de l'Arrabal.* Cette porte était donc le passage obligatoire pour quiconque voulait aller au Généralife ou en venir. A l'époque chrétienne, on lui ajouta un bastion extérieur, si bien que la tour et la porte se retrouvaient à l'intérieur, et comme porte extérieure, on utilisa celle du rempart appelée *la Porte de Fer.* On peut voir cette porte chrétienne et le rempart depuis la *Cuesta de los Chinos.*

– La Tour de la Captive : elle date de l'époque de Yusuf Ier (1333-1354), comme on peut le voir grâce aux inscriptions en plâtre qui apparaissent sur les parties basses des murs de la salle principale où Yusuf est élogié. C'est comme un petit palais à l'intérieur d'une tour. Il faut remarquer la riche décoration de ses stucs et sur-

– La tour des Infantes. Elle fut construite sous Muhammad VII (1392-1408). C'est également un petit palais avec une entrée en angle droit et des bancs pour les eunuques ou gardiens, un patio intérieur avec des alcôves adjacentes et une fontaine au centre de la salle qui n'est pas d'origine. Depuis les fenêtres, on aperçoit le beau paysage du Généralife. C'est une des dernières constructions de la période musulmane. Les décorations plus simples montrent déjà une certaine décadence. L'étage supérieur n'a presque pas de décoration et au-dessus, il y a une terrasse. Le plafond d'origine était une voûte à mouqarnas qui fut détruite par un tremblement de terre au XIXe siècle. Le plafond fut remplacé par celui en bois qui existe actuellement. Par contre, la curieuse voûte de l'entrée est d'origine. D'après la légende, elle doit son nom aux trois princesses arabes qui y habitèrent, Zaida, Zoraida et Zorahaida.

En haut :
Détails du plafond de la Tour des Infantes.

A droite :
Intérieur de la Tour des Infantes. On peut y voir la gracieuse distribution des salles.

Le Palais de Charles Quint

Lorsque Charles Quint vient à Grenade, il décide de construire un palais de style Renaissance dans l'Alhambra même, qui sera connu sous le nom de "Nouveau Palais Royal".

Page précédente :
La façade sud du Palais de Charles Quint.

En haut à gauche :
Détails du fronton de la porte de la façade sud.

En haut à droite :
détails de l'un des enfants apparaissant sur la façade occidentale.

Comme cela a déjà été dit, lorsque Charles Quint vint à Grenade à l'occasion de son voyage de noces, il fut émerveillé par cette ville et décida de construire un palais dans l'Alhambra, adapté bien sûr à sa mentalité européenne. Les travaux furent confiés à l'architecte Pedro Machuca qui avait étudié en Italie ; il était disciple de Michel-Ange. Il rapporta donc l'influence des maîtres de la Renaissance. Il est curieux que Machuca, peintre relativement médiocre, fût recommandé par le Marquis de Mondéjar pour une œuvre si grande et d'une telle responsabilité. Il devait être connu pour ses qualités d'architecte et ses connaissances acquises en Italie. On le fit donc venir à Grenade en même temps que l'Empereur qui fit sa connaissance et lui confia les travaux après lui avoir présenté les plans. On lui aménagea immédiatement un lieu de travail face au palais, appelé Cour et Tour de Machuca.

Les travaux commencèrent en 1527. En 1550, année de la mort de Machuca, le palais n'était pas encore fini. Son fils Louis les poursuivit, puis, sous le règne de Philippe II, ce fut Juan de Orea, recommandé par Juan de Herrera (architecte du Monastère de l'Escorial). D'autres continuèrent, mais leur œuvre fut sans grande importance car tout était pratiquement déjà fait.

Le palais fut financé grâce à l'argent perçu des Mauresques qui payaient des impôts pour pouvoir continuer à vivre dans la ville et à pratiquer leurs rites et traditions ; la somme recueillie était de 80000 ducats annuels, dont 10000 furent consacrés à financer les travaux du palais. Une autre partie, 6000 ducats, fut obtenue des revenus des *Reales Alcazares* de Séville. Pour financer les travaux on utilisa également les sommes payées par les condamnés par les tribunaux de Grenade, Loja et Alhama. Après la mort de

La façade principale du Palais de Charles Quint.

l'Empereur, son fils Philippe II continua les travaux. Mais la rébellion des Mauresques éclata, entraînant la Guerre des Alpujarras ou Guerre de Grenade (1568-1571). Les ressources manquèrent et on eut recours à l'argent provenant de la canne à sucre de Grenade, soit 4000 ducats.

Il est important de souligner, une bonne fois pour toutes, que le Palais de Charles Quint n'a rien enlevé d'important à la *Casa Real* arabe ni aux autres constructions de l'Alhambra. Seule une petite partie du Palais de Comares, probablement une salle semblable à celle de la *Barca*, fut détruite pour construire la chapelle et la crypte du palais Renaissance.

L'EXTÉRIEUR DU PALAIS

De ses quatre côtés extérieurs, les plus importants, quant à la décoration, sont les côtés sud et ouest. L'entrée est située sur ce dernier côté, où se trouve la façade principale, construite dans la plus pure tradition de la Renaissance. Elle présente une porte centrale et deux autres plus petites de chaque côté, entre des colonnes de style ionique. Sur la porte centrale il y a deux figures ailées de femme, allongées sur le fronton, qui nous rappellent les sépulcres des Médicis, de Michel-Ange. Les petites portes présentent sur le fronton des enfants avec des grappes de fruits et au-dessus, des médaillons en relief avec des soldats à cheval. La partie basse du palais est de style "toscan", alors que la partie supérieure fait preuve d'une tradition "Renaissance tardive", avec des détails churrigueresques dans l'excès de fruits en grappes et de grenades sur les frontons et les corniches, de style ionique. D'énormes anneaux en bronze apparaissent intercalés tout autour de la façade du palais. La majorité des anneaux sont soutenus par des lions (symbole royal), sauf dans les angles, où ils sont soutenus par deux aigles, l'aigle bicéphale, symbole des Habsbourgs.

Sur le socle des colonnes de la facade principale, apparaissent des bas-reliefs en marbre avec les allégories du triomphe, des angelots qui soutiennent le monde avec la couronne impériale, les colonnes d'Hercule et la devise "plus ultra", adoptée par les rois espagnols à partir de la découverte de l'Amérique. Apparaissent également dans ces bas-reliefs des scènes de la guerre opposant l'Empereur à son rival François Ier lors de la Bataille de Pavie. Les dessins de ces bas-reliefs ont été faits par Machuca et les marbres taillés par Juan de Orea et Leval.

En haut :
Détails de l'un des médaillons de la façade principale.

Au centre :
Le fronton de la façade principale du Palais.

En bas :
Détails des bas-reliefs du piédestal des colonnes de la façade.

A gauche :
Cour circulaire et double galerie du Palais.

A droite :
Galerie supérieure du Palais.

La partie supérieure de la facade a été réalisée après la mort de Machuca. Les colonnes centrales sont de style dorique. Trois médaillons apparaissent encerclés de marbre serpentin (marbre vert) de la Sierra Nevada. Au centre, on trouve le blason d'Espagne et sur les côtés, on peut voir des scènes des douze travaux d'Hercule ; une scène représente Hercule tuant le lion de Némée et l'autre Hercule domptant le taureau de Minos en Crète.

LA COUR CENTRALE

À l'intérieur, on trouve une énorme cour circulaire de style romain comportant deux galeries superposées : la galerie inférieure avec 32 colonnes de style dorique et la galerie supérieure avec des colonnes de style ionique. Les colonnes sont en "poudingue" ou en pierres concassées de Turro, village de la province de Grenade. Au centre de la cour, il y avait un puits pour tirer l'eau de la réserve qui se trouvait au-dessous et que l'on a découvert en faisant le revêtement de la cour. Il manque également la coupole et la voûte qui devaient fermer la cour avec une lanterne centrale pour laisser passer la lumière. Cette voûte aurait sans doute dû être ornée de caissons comme celle qui couvre le panthéon de Rome dont Machuca s'était certainement inspiré. Cependant elle ne fut jamais couverte, pas plus que la toiture de la galerie supérieure n'a été terminée à son époque, elle existe depuis quelques années seulement.

Sur la frise, tout autour, on trouve des petites têtes de taureau. Ces motifs décoratifs viennent de la Grèce antique et de Rome où l'on décorait les frises, métopes et sarcophages avec des scènes de sacrifices de taureaux. Ces têtes s'appellent "bucrânes".

Il faut souligner la formidable acoustique qui permet, depuis les temps modernes, l'organisation des concerts symphoniques du "festival international de musique et de danse de Grenade". Il convient également de signaler que ce palais abrite deux importants musées : le **musée de l'Alhambra** et le **musée des Beaux-Arts.**

Le Généralife

Palais et espace d'agrément, indépendant de l'Alhambra, utilisé par les Rois Nasrides comme lieu de retraite et lieu de repos.

A gauche :
Détail des roses, si présentes dans ce lieu.

A droite :
La cour de l'Acequia, depuis l'étage supérieur du pavillon sud.

En bas :
Le Palais du Généralife et son environnement

Le Généralife était un domaine d'agrément dont la construction date de l'époque d'Ismail (1313-1324.) Il se situe sur la Colline du Soleil (*Cerro del Sol*) et son domaine était alors beaucoup plus vaste. Il s'étendait vers les montagnes voisines presque jusqu'à, ce que l'on appelle aujourd'hui, *"El llano de la perdiz"* et était défendu par le fort le plus haut de la Grenade musulmane, le "Château de sainte Hélène" ou *"Silla del Moro"*. Le Généralife fut conçu pour remplir plusieurs fonctions : détente, agriculture et horticulture, élevage et chasse gardée. Il était parfaitement fermé et indépendant de l'Alhambra avec son propre corps de garde ; et comme il avait été pensé surtout pour le retrait et la distraction des rois de Grenade, ces derniers le dotèrent de toutes sortes de délices. Au XIXe siècle, il fut agrandi par des jardins tout aussi beaux que les anciens. C'est une des zones qui a subi le plus de transformations par rapport à ce qu'elle était à l'origne, à l'époque des rois nasrides. Son nom vient des mots arabes "yannat-al-arif" qui signifient *"jardin de l'architecte"*, nom qu'on lui donna en souvenir du grand vizir Abdallah III, maî-

Le Généralife

1.- *Allée des Cyprès*
2.- *Amphithéâtre*
3.- *Nouveaux Jardins*
(autrefois, ces jardins constituaient
la Huerta Grande et la Huerta Fuendepeña)

4.- *La Huerta Colorá*
5.- *La Cour de la descente de cheval (Descabalgamiento)*
6.- *La cour de Polo*
7.- *La Maison des Amis*
8.- *La Cour de l'Acequia*

Dibujo: Mesamadero

9.- Le Pavillon Sud du Palais
10.- Le Pavillon Nord du Palais
11.- La Cour de la Sultane
12.- Les Jardins du haut
13.- Le Mirador Romantique
14.- Jardins et Bois (autrefois, ces jardins étaient la Huerta de la Mercería)
15.- Le Bassin des Dames

tre charpentier, qui traça les plans de ce jardin ainsi que de son emplacement.

Ce fut une propriété privée, cédée par les Rois Catholiques à Gil Vázquez Rengifo, nommé gouverneur du Généralife, indépendant de l'Alhambra. Le dernier propriétaire du Généralife fut le Marquis de Campotéjar. En 1925, il devint propriété de l'Etat, intégrant le *Patronato de la Alhambra y el Generalife*.

On peut accéder au Généralife par différentes parties du monument : par l'entrée principale à côté des guichets, par le contrôle qui se situe à côté du Parador de San Francisco à travers le chemin du *secano* (Le *Secano*, c'est l'Alhambra disparu, les parties sud et est de l'enceinte, ancienne Médina de l'époque nasride), ou alors par le chemin reliant le Partal et les Tours. Nous emprunterons celui qui passe par l'entrée principale. En franchissant cette porte, nous trouvons un

chemin bordé de hauts cyprès qui se divise en deux : à droite le chemin des cyprès continue tandis que le chemin central mène aux *Nouveaux Jardins*.

LES NOUVEAUX JARDINS

Ces jardins datent de 1931. Ils furent replantés pendant la Seconde République et sont de style italianisant. On y trouve des cyprès taillés formant des murs et des labyrinthes avec des pergolas et des rosiers. Il existe également un amphithéâtre construit en 1952 qui est utilisé pour des concerts et des représentations lors du Festival International de Musique et de Danse de Grenade. La partie centrale de ces jardins est occupée par un bassin où s'intercalent des fontaines et des cyprès et où flottent des nénuphars. Devant les jardins et sur la gauche, de superbes vues sur l'Alhambra et la ville, agrémentent le parcours.

LES JARDINS DU GÉNÉRALIFE

Tout le Généralife se trouvait entouré de jardins potagers approvisionnant l'Alhambra. Certains ont disparu et ont été remplacés par les jardins les plus récents

qui aujourd'hui se trouvent dans l'enceinte. D'autres existent toujours et sont encore cultivés. Dans la partie supérieure, se trouve la **Huerta de la Mercería**, dont on ne garde que les jardins et le bassin des dames *(Albercón de las Damas)*, qui fournit en eau les jardins et irrigue l'Alhambra après avoir recueilli l'eau du canal d'irrigation *"la Acequia del Tercio"*. En bas à gauche, encore cultivé, la **Huerta Colorá**, que l'on trouve face à la *Torre de los Picos*. La **Huerta Grande**, à la suite de la *Huerta Colorá* s'étend dans les *Nouveaux Jardins*. La **Huerta de Fuentepeña** occupait également une partie des *Nouveaux Jardins* et de *l'amphithéâtre*. Ce jardin possédait une porte d'accès pour les troupeaux du Roi, appelée "*Postigo de los Carneros*". Il doit son nom à la fontaine qu'il renfermait et qui faisait jaillir l'eau d'une roche dans une vasque servant d'abreuvoir pour le bétail. Les deux jardins inférieurs (*Grande* et *Fuentepeña*) étaient séparés du jardin supérieur (*Mercería*) par l'allée *des cyprès et des lauriers roses*. Pour comprendre l'emplacement de ces jardins, il faut visualiser le dessin du Généralife qui illustre ces pages.

A gauche :
Bassin central des Nouveaux Jardins.

Au centre :
Vue des Nouveaux Jardins.

A droite :
Huerta Colorá, la seule qui reste actuellement des anciens jardins potagers du Généralife.

En bas :
Détail des fontaines qui agrémentent les nouveaux Jardins.

LE PALAIS DU GÉNÉRALIFE

Ce palais est l'axe central de toute cette enceinte. Défiguré et transformé par les années, ce palais était, à l'époque musulmane une résidence royale authentique avec toutes les comodités et les éléments nécessaires pour le séjour des monarques nasrides. Nous trouvons un jardin musulman authentique, comme nous l'indique Ibn Luyun dans son "traité de l'agriculture" : "on doit choisir un endroit élevé et aéré qui facilite la garde et la vigilance. On oriente l'édifice au sud, et à l'entrée de la propriété, on installe au point le plus haut le puits et le bassin (*alberca*) ou mieux en-

core, on ouvre un canal (*acequia*) qui court dans l'ombre. La maison doit avoir deux portes pour une meilleure protection et pour assurer une plus grande tranquilité pour celui qui l'habite" (différence notable avec la phrase chrétienne : "une maison avec deux portes est difficile à garder").

Mais laissons parler Ibn Luyun : "à côté du bassin, on plante des massifs qui seront toujours verts et qui égaieront la vue (...). On entoure le domaine de vignes et on plante des rosiers le long des allées qui le traversent. A une certaine distance des vignes, ce qu'il reste de la propriété, sera terres de labour (...) et on plantera des figuiers et autres arbres analogues aux limites du domaine. Tous les arbres fruitiers doivent être plantés dans la partie nord pour protéger du vent le reste du domaine. Au centre de la propriété, il doit y avoir un pavillon entouré de sièges qui permettront de voir sur tous les côtés mais de telle sorte que celui qui rentrera dans le pavillon ne pourra entendre ce que disent ceux qui sont à l'intérieur et que celui qui se dirigera vers l'intérieur ne passera pas inaperçu (...). Pour protéger le domaine, on le clôturera avec un mur".

"L'étable pour les animaux et les outils agricoles doivent être situés près de l'entrée (...) les étables pour les bêtes à laine et les bovins dans la partie basse de l'édifice, très près et de manière à ce qu'elles puissent être surveillées facilement (...). Les travailleurs doivent être jeunes et suivre les conseils des plus âgés".

Nous avons choisi de citer Ibn Luyun parce qu'il est le seul à pouvoir nous donner une vision authentique du jardin hispano-musulman dans son "Traité de l'Agriculture", fait à Almeria en 749 de l'ère musulmane. Traduction de Joaquina Eguaras Ibáñez (Patronato de la Alhambra, 1957).

au palais, elle est couronnée d'un linteau revêtu d'azulejos verts et noirs sur fond blanc, semblable dans sa forme aux portes de la *Façade de la Salle de Comares*. Cette porte montre entre la céramique verte de son encadrement le symbole de la clé qui apparaît sur d'autres portes de l'Alhambra. A l'intérieur du Palais, nous décrirons : *la Cour de l'Acequia, le pavillon sud, le pavillon nord et la Cour de la Sultane.*

– **La Cour de l'Acequia**. Elle occupe le centre du palais et a sur toute sa longueur un bassin autour duquel s'organise tout l'espace. Dans la *partie ouest* il y a une galerie composée de 18 arcs avec un mirador au centre. Sur les jambages des arcs sont peints les symboles des Rois Catholiques, le joug et les flèches, et les mots "tanto monta" qui signifient *Tanto monta Isabel como Fernando* à savoir "Isabel a autant de pouvoir que Fernando". De cette galerie, nous pouvons voir la *Huerta Colorá, la Tour de la Captive, la tour des Infantes*, et tout l'ensemble monumental de l'Alhambra avec la

Il est intéressant de savoir qu'à l'époque nasride, pour se rendre au Généralife, il fallait sortir de l'enceinte de l'Alhambra, probablement par la *Puerta del Arrabal*, située au pied de la *Torre de los Picos*. On descendait alors le ravin par le chemin *"Cuesta de los Chinos"* et on remontait par un chemin entouré de murailles qui passait par les jardins *Colorá et Grande*. La noblesse nasride y accédait par deux cours contiguës, entrée du palais, la première appelée **Descabalgamiento** (descente de cheval) ou **Apeadero** (halte). On suppose donc que les émirs venaient de l'Alhambra à cheval et qu'à cet endroit ils descendaient de leur monture ; pour ce faire il y a des appuis et un abreuvoir. La deuxième cour est un charmant espace orné d'orangers avec une petite fontaine au centre. Dans cette cour, une porte rectangulaire donne accès

Page précédente :
La cour de l'Acequia et le pavillon nord. (Photographie antérieure à la réforme du jardin de la cour, réalisée en 2003).

En haut :
L'entrée du Palais du Généralife.

A droite :
La cour antichambre du Palais.

ville au fond. La construction de l'**aile est** est récente car un incendie l'a détruite presque entièrement en 1958. On pense que les bains de ce palais devaient être dans cette aile. Ils n'existent plus aujourd'hui car comme nous l'avons dit dans le chapitre sur les bains, ils ont été détruits en même temps que d'autres de l'Alhambra.

– **Le pavillon sud**. Ce fut probablement la zone du palais destinée au harem ; il a connu de grands changements. Les arcs du portique, à l'origine en plâtre, furent remplacés par d'autres en brique. Les vues que nous avons depuis le mirador supérieur sont uniques. Ce pavillon jouxte à l'extérieur et au sud (en bas) avec une construction qui fait partie de l'ensemble du palais, la **Maison des Amis** dont le nom et utilité apparaissent dans les conseils qu'Ibn Luyun donne dans son "Traité d'Agriculture" : "Dans la partie inférieure du jardin sera construite une demeure pour les hôtes et les amis, avec une porte indépendante et un petit bassin caché par les arbres des regards d'en haut".

– **Le pavillon nord**. Il était destiné aux appartements du Roi, et c'est sans doute le plus intéressant de tout le palais. Il offre une disposition plus traditionnelle, avec un portique de cinq arcs, celui du centre étant beaucoup plus large que les arcs latéraux. Ce portique donne sur une porte à trois arcs qui précède la *Salle Royale*. Dans l'encadrement des trois arcs il y a une inscription nous apportant des renseignements sur la date de construction (année 1319, sous l'émir Ismail). Ce pavillon communique avec la *Cour de la Sultane*.

– La Cour de la Sultane. Elle doit son nom à la légende selon laquelle, dans le vieux cyprès de ce patio, aujourd'hui desséché, le sultan vit sa favorite embrasser un chevalier abencérage. Le patio est occupé en son centre par une fontaine chrétienne construite sur un petit bassin. Les plantes sont des lauriers-roses, des lierres et des cyprès. En faisant le tour de la cour, nous voyons une grotte où l'eau coule. Il faut signaler que les jets d'eau, aussi bien de cette cour que dans la Cour de *l'Acequia*, ne sont pas de l'époque musulmane.

A gauche :
La Cour de l'Acequia et Pavillon Sud.
(Photographie antérieure à la réforme du jardin de la cour, réalisée en 2003).

En haut à gauche :
La fontaine des Jardins du haut.

En haut à droite :
La Cour de la Sultane.

En bas :
L'Escalier d'eau.

Page suivante :
Bassin central de la Cour de l'Acequia.

LES JARDINS DU HAUT

On y accède après avoir franchi une porte avec des lions et le blason des Mendoza, situé dans la *Cour de la Sultane,* en montant un escalier. Ces jardins se trouvent à un niveau supérieur par rapport au *Palais du Généralife*. Autrefois, ce fut une oliveraie et actuellement on y trouve des magnolias, des sapins, des cyprès, un énorme cèdre et des plantes aromatiques comme myrtes, jasmins et rosiers. Le plus remarquable de ces jardins est probablement l'**Escalier d'eau**, magnifique, avec sa voûte de lauriers. L'eau y descend comme un torrent par les rampes creuses et autrefois ornées d'azulejos ; l'eau y coule prenant la fonction de rampe. Les trois parties formant l'escalier sont séparées par des paliers circulaires avec des petites fontaines. L'escalier mène à une construction moderne sans intérêt appelée **Mirador Romantique**, bâtie en 1836. De ces jardins nous nous dirigeons vers la sortie par l'**Allée des lauriers-roses** à la voûte fleurie. Cette pro-menade communique avec l'**Allée des cyprès**, plantés à l'époque d'Isabelle II, allée que nous avions laissée sur notre droite en entrant.

L'Albaicin

2 L'ÉGLISE SANTA ANA
PÁG. 109

4 LE BAÑUELO OU BAINS DU NOGAL
PÁG. 111

7 LA CASA DE CASTRIL (MUSÉ ARCHÉOLOGIQUE)
PÁG. 111

PLAN DE L'ALBAICIN

LE BAS-ALBAICIN

LE SACROMONTE

LE HAUT-ALBAICIN

12 L'ÉGLISE EL SALVADOR. (COUR)
PÁG. 115

16 L'ÉGLISE DU CONVENT DE SANTA ISABEL LA REAL (COUVENT)
PÁG. 116

18 LE PALAIS DE LA DAR AL HORRA
PÁG. 117

INFORMATION D'INTÉRÊT :

- N'étant habituellement pas ouverts au public, de nombreux monuments de l'Albaicin, ceux qui apparaissent avec le symbole , peuvent seulement être parcourus, ou alors il faut en demander l'autorisation à l'institution à laquelle appartient le monument ou bien la visite se fera en visite guidée pour groupes.
- Les autres monuments sont ouverts au public habituellement ou au moins il est possible de les visiter aux heures du culte.

Vue de l'Albaicin avec la Sierra Nevada au fond.

Introduction

Universellement connu, l'Albaicin est plein de coins et recoins qui évoquent le passé musulman de cette ville.

L'Albaicin[1] comme centre urbain trouve son origine au début du Xe siècle lorsque, face à la désintégration du Califat et à la fragmentation du territoire d'Al Andalus en royaumes minuscules qui s'affrontaient constamment, les habitants de la Ville d'Elvira demandent protection et soutien à Zawi ben Zirí. Celui-ci fut finalement le premier des quatre rois de la dynastie Ziride de Grenade.

Medina Elvira (le centre de population le plus important de la région) était un site ouvert et difficile à défendre en cas d'attaque. Ainsi, quand le roi Zawi devint seigneur et protecteur de la ville, il décida de chercher un lieu avec une enclave géographique plus sûre. Ce lieu serait la colline de l'Albaicin, où se trouvait les restes d'une ancienne forteresse construite par des peuples wisigoths. De plus, c'était un lieu privilégié dé par sa beauté : de nombreux cours d'eau, une végétation abondante et la Sierra comme toile de fond. Les habitants d'Elvira abandonnèrent donc leur ville peu sûre sur les flancs de la Sierra Elvira pour venir s'installer ici donnant ainsi naissance au centre urbain El Albaicin, origine de ce que sera plus tard la ville de Grenade.

Le roi Zawi consolida l'ancienne forteresse et construisit une grande muraille. Protégés par celle-ci, les nouveaux arrivants bâtirent une ravissante cité. Ils y furent rejoints par de nouveaux habitants venus d'autres terres en quête de la prospérité et de la sécurité que cette ville pouvait leur apporter. Ils y construisirent des citernes, des mosquées, de grandes maisons et des palais dont le plus important fut celui du roi Badis, troisième roi ziride, qui malheureusement n'existe plus aujourd'hui.

Après la dynastie des Zirides, les Almoravides et les Almohades occupèrent le pouvoir pendant une époque caractérisée par des moments de gloire et d'obscurité. C'est en 1238 qu'Al-Ahamar se proclama roi de Grenade instaurant la monarchie nasride. Au début, il installa sa cour dans l'Albaicin et vécut dans le palais du roi Badis. Cependant, très vite, il voulut vivre à l'écart de ce lieu où trahisons et intrigues étaient le quotidien des monarques grenadins. Il décida alors de s'installer sur la colline d'en face, celle de la Sabika, qui lui paraissait plus sûre pour y faire vivre sa famille et sa cour. Dès lors, le roi et la noblesse vivront

[1] Le mot Albaicin pourrait venir du mot arabe "Al baezan" qui signifie quartier des habitants de la ville de Baeza (Jaen) qui se réfugièrent dans ce quartier quand le pouvoir tomba dans les mains des Chrétiens au XIIIe siècle. Un autre sens, moins généralisé, proviendrait du mot arabe "Al bayyazín" qui signifie quartier des fauconniers puisque à cette époque un certain nombre d'habitants s'exerçaient à la fauconnerie.

Un des nombreux coins de l'Albaicin d'où l'on peut contempler l'Alhambra.

dans "la ville palatine de l'Alhambra", et le peuple sur les hauteurs de l'Albaicin jusqu'en bas de la ville de Grenade qui s'étendait un peu plus loin que la place Bibrambla.

Durant cette période nasride, l'Albaicin continua de s'agrandir et de prospérer, et de plus en plus de personnes viendront y vivre. Ainsi naquit l'agglomération, qui comptait vers 1494 environ 30.000 habitants, selon le voyageur allemand Münzer. Ses ruelles étroites et escarpées étaient abritées par des auvents unis les uns aux autres, à travers lesquels les rayons du soleil ne passaient qu'à peine. Les maisons, sales à l'extérieur étaient propres à l'intérieur, avec des citernes d'eau et deux systèmes de canalisations, un pour l'eau potable et un autre pour les latrines. Ces maisons sobres et austères à l'extérieur cachaient de superbes patios avec fleurs, arbres fruitiers et bassins, qui seraient à l'origine du futur "carmen"[2] grenadin. Les habitants étaient cultivés et se consacraient pour la plupart à l'artisanat et au commerce : maçons, tisserands, tailleurs, fabricants de sparte, cordonniers... Grand nombre de ses habitants se dédiaient à l'agriculture, en plus de leur métier ; en effet il était courant que chaque famille possédât un lopin de terre à cultiver.

La Carrera del Darro, dans le Bas-Albaicin.

Avec la conquête de Grenade par les Rois Catholiques, les mosquées de l'Albaicin furent converties en églises et quelques Chrétiens s'y installèrent même si les Mauresques continuaient à donner au quartier la même vie et idiosyncrasie qu'autrefois. Le nombre de ceux qui vinrent y vivre augmenta, fuyant les pressions auxquelles ils étaient soumis ailleurs. Cependant, la persécution et expulsion finale des Mauresques sous le règne de Philippe III, (1609-1616), réduisirent la population à presque un dixième. Ils durent abandonner leurs maisons et l'Albaicin se trouva vide et désolé. Beaucoup de maisons furent détruites pour élargir les rues, ou pour obtenir des terrains plus grands acquis à des prix très bas par des ordres religieux et par des nobles chrétiens qui y édifièrent des couvents et de splendides maisons. Le problème du dépeuplement fut tel que la Couronne elle-même prit des mesures pour que des habitants originaires d'autres endroits vinssent repeupler ce quartier. Mais les nouveaux venus n'avaient pas la même formation, ils n'étaient pas artisans. C'étaient des gens de condition modeste et au lieu d'aider à la récupération du quartier, ils l'appauvrirent.

Tipique rue pavée de l'Albaicin, en côte et très étroite.

Le XIXe siècle supposa un nouveau déclin à cause de l'occupation française mais aussi et surtout de la *Desamortización de Mendizabal* qui entraîna la confiscation des biens et des oeuvres d'art que les ordres religieux possédaient dans leurs couvents de l'Albaicin. Mais le fait le plus dévastateur pour les nombreuses richesses artistiques que renfermait encore ce quartier fut l'incendie de la majeure partie des églises et de certains couvents pendant la Deuxième République et le début de la Guerre Civile Espagnole (1931-1936). Les églises *San Luis, El Salvador, San Nicolás, San Cristobal* et quelques autres furent brûlées et dévastées en partie ou presque entièrement.

Malgré la mesquinerie avec laquelle l'histoire l'a traité, l'Albaicin reste un endroit magique. Ses odeurs, ses sons, sa lumière et la vue de l'Alhambra voisine avec la Sierra Nevada au fond, depuis n'importe quel lieu, en font un endroit unique et différent. (Bibliographie : Gabriel Pozo Felguera. *"Albayzin-solar de reyes"*).

[2] Le mot Carmen vient du mot arabe "Karm" qui signifie vigne, c'est-à-dire qu'à l'origine il s'agissait d'une *huerta* (= plaine fertile, verger) avec des vignobles. Le carmen grenadin est donc une *huerta* en miniature qu'on utilise comme résidence particulière, avec beaucoup de plantes et de fleurs aromatiques même si à l'origine c'étaient les vignes qui prédominaient.

La Real Chancillería

L'église Santa Ana

Le Bas-Albaicin

Baignée par la rivière el Darro, c'est un des lieux qui font de Grenade une ville magique.

Cette division du quartier entre partie haute et partie basse trouve son explication dans sa proximité et son accessibilité. En effet, cette partie basse située à seulement cinq minutes à pied du quartier de la cathédrale (le centre de la ville) est une petite et belle promenade qu'on ne peut pas ne pas faire en venant à Grenade. Les rues principales par lesquelles on peut parcourir cette partie de l'Albaicin sont, à l'ouest, la rue Elvira jusqu'à *Plaza Nueva,* comprenant la rue *Caldereria* avec ses *teterias* (salons de thé à la décoration orientale) et ses stands d'artisanat mauresque. Le fort caractère musulman de cette rue n'existe que depuis ces dernières années. Du côté sud, la *Plaza Nueva,* la place de *Santa Ana*, la *Carrera del Darro* et le *Paseo de los Tristes* (Promenade des Tristes). Parallèlement et constituant la limite de cette partie basse, la rue *San Juan de los Reyes*. Sur le plan qui accompagne ce chapitre, toutes les rues et les places qui délimitent le parcours de la partie basse de ce quartier sont indiquées.

Notre itinéraire commencera donc par les places centrales et typiques de Grenade, **Plaza Nueva** et **Santa Ana**, presque collées l'une à l'autre. Sur la première, on trouve la **Real Chancillería**. Cet édifice noble fut construit sur l'ordre de Philippe II pour être le nouveau siège de la Chancellerie ou Tribunal Supérieur de Justice que les Rois Catholiques voulaient établir à Grenade d'où dépendraient donc les tribunaux de justice, non seulement de Grenade mais aussi d'Andalousie, d'Extrémadure, de Murcie, de la Manche et des Canaries. La façade extérieure, de style Renaissance de la seconde moitié du XVIe siècle, est l'œuvre de Juan de la Vega et Martin Navarrete. Elle est divisée en deux grands corps. Le corps inférieur est présidé de trois belles portes. Sur la plus grande, celle du centre, une plaque fait

Sur toute la page :
- La Carrera del Darro enneigée.
- Un aspect de la rue.
- Ruines de l'ancien Puente del Cadí.

allusion à la manière dont Philippe II embellit ce palais pour qu'il ne fût pas le siège indigne de sa justice. Le plus frappant du deuxième corps est la grande fenêtre centrale couronnée du blason espagnol encadré de deux statues représentant chacune une vertu cardinale : la Justice et la Force. A l'intérieur, l'espace s'organise autour d'un superbe patio, probablement œuvre de Diego de Siloe, entouré d'une double galerie à deux étages. Pour terminer cette succincte description de l'édifice, il faut mentionner l'escalier, financé grâce à une amende imposée par les magistrats au Marquis de Salar qui ne "se découvrait" pas devant eux. L'escalier nous rappelle celui du Palais de Charles Quint et c'est un véritable joyau de l'architecture.

Sur la Place contiguë de **Santa Ana**, sur un côté, se situe le **Pilar del Toro** (fontaine du taureau) qui est la dernière œuvre réalisée par le génial Diego de Siloe de son vivant. L'église **Santa Ana** (ancienne "Jima de Almanzor"[1]) préside la place, sa tour était un minaret sur lequel fut placé un clocher. Son exquise façade dessinée par Sebastian Alcantara de style Renaissance est surmontée des images de sainte Anne, Marie Jacobi et Marie Salomé de chaque côté, avec un médaillon de la Vierge à l'enfant. Les armoiries de la voûte de l'arc appartiennent à l'archevêque Niño de Guevara. L'intérieur est composé d'une seule nef avec un plafond à entrelacs en bois. Le plus important est sa sublime collection d'œuvres d'art dont les plus remarquables sont une Dolorosa, un Christ au Sépulcre et un saint Bartolomé de José de Mora, un retable dédié à la Vierge de la Rose, d'origine flamande, et une Vierge de l'Espérance, œuvre de Risueño.

Au début de la **Carrera del Darro**, dans la rue de las Pisas, se trouve **la Casa de Las Pisas** où mourut saint Jean de Dieu. Actuellement il y a un musée intéressant avec des pièces rapportées du monde entier par les frères de cet Ordre : ivoire, peintures, marqueterie, petites sculptures, etc. Une fois dans la **Carrera del Darro**, une des rues les plus pittoresques de Grenade -reproduite par des voyageurs romantiques et des peintres de tous les

[1] Chaque quartier avait une petite mosquée appelée " jima ". Les *jimas* étaient plus petites en taille et en importance que les grandes mosquées comme celles qui existaient à l'emplacement de l'église du Sagrario, du Salvador ou de Santa María de la Alhambra. En 1501, le Cardinal Cisneros donna l'ordre pour que toutes les *jimas* et grandes mosquées de Grenade fussent transformées en églises paroissiales.

temps dans leurs dessins et peintures-, nous empruntons une des promenades les plus belles que l'on puisse voir dans cette ville, le long de la rivière Darro, et avec pour compagne l'Alhambra, tout en haut. La rue dans sa conception actuelle est postérieure à la reconquête. Du temps des Arabes il y avait une muraille parallèle à la rivière sur laquelle les Chrétiens construisirent aux XVIe siècle et XVIIe siècles des couvents et des maisons seigneuriales. Après le deuxième pont qui traverse la rivière nous arrivons au **Bañuelo** ou **Baño del Nogal**. Dans ce quartier, il y avait beaucoup plus de bains publics, mais comme pour ceux qui se trouvaient dans l'Alhambra, les Chrétiens les détruisirent. Par chance, bien qu'ils soient détériorés et très restaurés, ceux-ci existent encore. Ils datent de l'époque Ziride, c'est-à-dire du XIe siècle. L'accès se fait par une maison chrétienne adjacente. Leur structure ressemble beaucoup à celle des bains de l'Alhambra mais avec la différence que les Bains de l'Alhambra faisaient partie d'un palais et étaient destinés à l'usage privé de la famille royale alors que ceux-ci étaient publics. Il n'y a donc pas de salle de repos comme ceux de l'Alhambra mais une petite salle ou vestibule utilisé comme vestiaire. La salle la plus grande est le *tepidarium* ou salle tiède. L'eau chaude coulait au milieu et sur les côtés il y avait les lits pour les massages. Les chapiteaux des colonnes sont très intéressants, certains sont de l'époque du Califat (Xe siècle) et côtoient d'autres du XIe siècle et quelques-uns de style byzantin. Ensuite se trouve le *caldarium* ou salle chaude et enfin les dépendances du four.

En face de ces bains, se trouvent les ruines du **Puente de Cadí** qui durant l'époque nasride devait avoir une grande importance comme passage car il reliait le quartier de l'Albaicin à l'Alhambra. Plus haut, on trouve le couvent de **Santa Catalina de Zafra** qui doit son nom à Don Hernando De Zafra, secrétaire des Rois Catholiques qui le finança et céda quelques-unes de ses maisons pour édifier ce couvent en 1520. C'est un des nombreux couvents qui se trouvent dans l'Albaicin mais que l'on ne peut malheureusement pas visiter, comme la majorité d'entre eux. Les églises sont parfois accessibles aux heures de culte. Heureusement, ce n'est pas le cas de l'édifice suivant, la **Casa de Castril** qui appartient aussi à la famille de Don Hernando de Zafra. Son exceptionnelle façade de style plateresque (1539) indique la noblesse et l'importance de la famille à laquelle appartint ce palais. L'élément le plus curieux est une petite "Tour de Comares", blason que les Rois Catholiques octroyèrent à la famille de Zafra en échange des services rendus. Un autre détail important est la fenê-

Sur toute la page :
- L'extérieur de la Casa de Castril, siège du Musée Archéologique.
- Patio intérieur du Musée.
- Le Bañuelo ou Bains du Nogal, la salle tiède.

tre murée de l'un des angles sur laquelle on peut lire, gravé dans la pierre : "*esperándola del cielo*". (En l'attendant du ciel) qui fait référence à une légende grenadine très connue[4]. L'intérieur de l'édifice abrite un des principaux musées de la ville, le **Musée Archéologique Provincial**, dont nous recommandons la visite pour la valeur et la richesse de ses pièces. Juste en face se trouve **l'église San Pedro et San Pablo** construite par Juan de Maeda, et achevée en 1567. Il semble qu'autrefois, à cet endroit, était située la "Mosquée des Bains" remplacée par une autre église détruite en 1559 laissant place à celle-ci. Un peu plus loin, se trouve le **Couvent de San Bernardo** datant du début du XIXe siècle.

Nous terminons ce bref parcours du Bas-Albaicin par le ***Paseo de los Tristes*** (Promenade des Tristes), lieu particulièrement charmant avec la vue sur l'Alhambra toujours comme point de repère. Cet endroit doit son nom actuel (avant, il s'appelait "Paseo de la Puerta de Guadix") au fait que par là passaient tous les cortèges funèbres et à cet endroit le cortège faisait ses adieux au défunt qui continuait son chemin vers le cimetière accompagné des proches par la ***Cuesta de los Chinos***. Autrefois, c'était un lieu très fréquenté où se célébraient des fêtes de taureaux. A partir de là, par la ***Cuesta del Chapiz***, nous commençons la montée vers le Sacromonte et le Haut-Albaicin. Là, se trouve le ***Palacio de los Córdova*** (le palais des Córdova) qui, même si cela semble difficile à croire, est une reconstruction avec les éléments architectoniques conservés de l'ancien palais qui se trouvait ailleurs, derrière la place Isabelle la Catholique. Un peu plus haut, faisant l'angle avec le Camino du Sacromonte, se trouve ***las Casas del Chapiz*** (les maisons du Chapiz), bâtiments mauresques du début du XVIe siècle et qui est aujourd'hui le siège de l'Ecole des Etudes Arabes.

la moitié de la cuesta del Chapiz, se trouve **le**

En haut :
L'église San Pedro.

En bas à gauche :
Le Palais des Córdova.

En bas à droite :
Bassin des Casas del Chapiz.

[4] Selon cette légende, le seigneur de la maison entra un jour dans la chambre de sa fille et la trouva à demi-nue. Il découvrit alors son page le plus loyal caché là. Celui-ci argumenta pour s'excuser qu'il se trouvait là après avoir accouru au secours de la fille et avoir surpris l'amant de celle-ci qui sauta alors par la fenêtre. Le seigneur Zafra ne le crut pas, Si c'est comme ça, alors tu es son complice !, lui dit-il. Devant la gravité de la situation, le page implora pitié et justice. Le seigneur lui répondit : "Attends-la du ciel ! Demain tu seras pendu à ce balcon". Le domestique fut pendu et le balcon fermé.

Le Sacromonte avec l'Alhambra et la ville au fond.

Le Sacromonte

Les Gitans l'habitèrent au XVIIIe siècle y creusant leurs grottes. Depuis, c'est un lieu singulier riche en légendes.

A **Camino du Sacromonte**, connu pour être l'ancien quartier des Gitans. Ils étaient connus comme les "tribus égyptiennes" à l'époque des Rois Catholiques, et ils s'installèrent à Grenade après la conquête, d'abord dans d'autres quartiers des environs et puis, au XVIIIe siècle, sur les versants du mont Valparaiso. Leur mode de vie, leur langue ("el caló"), leurs fêtes, leurs danses et le fait que leurs maisons soient creusées dans des grottes inspirèrent les voyageurs romantiques ; depuis de nombreux visiteurs y sont venus augmentant encore plus son envoûtement et sa légende. Ce qui reste aujourd'hui de cette époque, ce sont seulement quelques grottes où s'organisent des spectacles (zambras) particulièrement touristiques. Au début du chemin (*camino*), on trouve les écoles de l'Ave Maria, fondées en 1889 par Don Andrés Manjón pour que les enfants des Gitans et des pauvres puissent étudier.

Au bout du chemin, en haut du Mont Valparaiso, se trouvent l'**Abbaye et le Collège du Sacromonte**, institution fondée au XVIIe siècle par Don Pedro de Castro Cabeza de Vaca y Quiñonez, archevêque de Grenade pour commémorer la découverte dans des grottes (les "grottes saintes") en 1594, des livres de plomb. Ils indiquaient, qu'en l'an 65 de notre ère, les saints Cecilio (premier archevêque et Saint-Patron de Grenade), Hiscio et Tesifon y avaient été martyrisés. Depuis ce jour, ce lieu est connu sous le nom de 'Sacromonte' qui veut dire mont saint. Une partie du collège fut incendié, mais il est toujours possible de visiter l'Abbaye qui contient une importante bibliothèque de plus de 25000 volumes.

La première chose que l'on visite est **la vaste cour** avec sa fontaine centrale et les 25 arcs ornés du blason du fondateur et de l'étoile de Salomon, le symbole de l'Institution. Ensuite vient **le musée** avec quelques pièces de grande valeur comme "La Virgen de la Rosa", peinture flamande de Gérard David et trois superbes Immaculées, œuvres de Raxis, Sanchez Cotán et Niño Guevara. Il y a aussi une collection intéressante d'incunables, codex, et vingt manuscrits arabes d'une valeur inesti-

En haut à gauche :
L'extérieur de l'Abbaye du Sacromonte.

En haut à droite :
Le Patio de l'intéieur de l'Abbaye

En bas :
Le Grand Retable de l'Église.

mable ainsi que des pluviaux, des habits de chaires, des parements d'autel et des chasubles.

L'**église**, du début du XVIIe siècle, agrandie durant les deux siècles suivants, possède de beaux retables et des stalles baroques. Le grand retable date de 1743, il est attribué à Duque Cornejo. Ce qui attire le plus l'attention ce sont les statues de saint Cecilio et de San Tesifón sous lesquelles sont leurs cendres et dans la partie supérieure un grand relief représentant la Vierge de l'Assomption. Juste à droite du grand retable il y a un petit habitacle où se trouve le sépulcre de l'archevêque de Castro, enterré ici même avec ses parents. Sur l'autel situé à gauche du transept, on peut remarquer une "Purisima", œuvre de Risueño. Le reste de l'église mérite également qu'on en fasse l'éloge : parmi les tableaux, on trouve "l'apôtre saint Jacques" et "le Martyre de saint André" ou encore des sculptures telles que "La Vierge des Grottes", statuette du XVIIIe siècle, "saint François recevant les stigmates", "saint Antoine et l'Enfant" et en particulier "Le Christ de la Consolation" ou "les Gitans" qui est une excellente peinture de crucifixion de José Risueño dont la réplique sort en procession le mercredi saint. Dans la **sacristie** décorée de petits tableaux de l'école italienne, il y a une très belle table avec des calices faite de marbres incrustés, avec des dessins de flèches, canons et motifs indigènes. Cette table faite au Pérou au XVIe siècle fut un cadeau du père de l'archevêque de Castro qui était vice-roi de ce pays.

Il reste à visiter les "Grottes Saintes" qui se trouvent à l'extérieur de l'église. On les découvrit par hasard au XVIe siècle. C'est ici qu'apparurent les livres de plomb et les fours où, apparemment, furent brûlés les martyrs déjà cités. C'est aussi à cet endroit que repose la croix de bois que saint Jean de Dieu utilisait quand il demandait l'aumône. Il y a plusieurs chapelles : une dédiée à la Vierge des Grottes, une autre avec une pierre énorme qui, selon la tradition, veut que les femmes qui l'embrassent se marient avant la fin de l'année ; la dernière, voûtée avec des arcs provenant de différentes entrées, possède quatre belles statuettes de sainte Lucie, sainte Thérèse, saint Bruno et saint François, de l'école de Risueño.

La cour de l'ancienne Grande Mosquée de l'Albaicin actuelle église El Salvador.

Le Haut-Albaicin

Véritable mirador où chaque rue, coin et recoin offre une perspective différente d'où contempler l'Alhambra.

En haut de la *Cuesta del Chapiz*, nous nous trouvons déjà dans la partie haute de ce quartier, où se trouvent les places et les rues les plus typiques de l'Albaicin. Leurs traits et leurs particularités sont tels qu'ils nous donnent parfois l'impression d'être dans une ville différente, autre que Grenade. Il y a trois places principales dont la visite est obligatoire : ***Plaza Larga, Plaza de San Nicolás et Plaza de San Miguel Bajo***, et au cours du trajet menant de l'une à l'autre, nous nous arrêterons aux monuments les plus importants. Il faut souligner que la majorité d'entre eux ne peuvent être visités que pendant les heures de culte, ou ne sont accessibles que lors de visites guidées.

Sur l'esplanade, là où se termine la *Cuesta del Chapiz* se trouve la **Iglesia El Salvador**, principale église du quartier. A l'époque musulmane, c'était la "Grande Mosquée de l'Albaicin", la deuxième de Grenade de par sa taille et la plus belle de toutes. En 1501, elle devint paroisse, bien qu'elle fût démolie ultérieurement pour construire à sa place une église, brûlée et dévastée pendant la Guerre Civile. Entièrement reconstruite, les éléments ornementaux et les autels qui s'y trouvent actuellement ont été rapportés d'autres églises, il y a quelques années. La seule chose conservée presque intégralement dans son état d'origine est la cour. Il s'agit d'une cour typique avec des citronniers et des orangers comme en avaient toutes les mosquées, avec une grande citerne au centre et entourée d'arcs en fer à cheval. Les colonnes sur lesquelles reposent les arcs ont été remplacées par des piliers en pierre.

A proximité, se trouve la **Plaza Larga**, cœur du quartier et lieu de rencontre de ses habitants. Dans les rues qui l'entourent, se trouvent quelques bars et tavernes les plus typiques de l'Albaicin. Sur cette même place, dans un angle, se situe la **Puerta de las Pesas** qui doit son nom au fait qu'on y accrochait les poids retirés aux commerçants qui commettaient des fraudes sur les mesures. Cette porte date du XIe siècle, de l'époque ziride et faisait communiquer l'Albaicin avec l'"Alcazaba Vieja". De l'autre côté de la porte, en prenant la rue à gauche, nous arrivons à la Plaza San Nicolás. Un lieu qu'il ne faut pas manquer de visiter quand on vient à Grenade, car là se trouve, sans aucun doute, la vue la plus universellement connue de notre ville : la Sierra Nevada, le Généralife, l'Alhambra avec ses tours alignées et toute la ville et la plaine à nos pieds ! Sur cette place se trouve l'**église San Nicolás**, construite en 1525, sur l'emplacement d'une ancienne mosquée. C'était une des églises les plus anciennes et les plus belles de Grenade, mais malheureusement, un incendie volontaire lors des révoltes des années précédant la Guerre Civile espagnole, le 10 août 1932, l'a détruite en grande partie. Heureusement, ces années d'intolérance et de fanatisme sont révolues : pour preuve, le bâtiment moderne qui se trouve à côté est l'actuelle **Mosquée de l'Albaicin**, ouverte au culte musulman depuis 2003. Cinq siècles plus tard, le Coran est à nouveau lu en ce lieu, et les nombreuses prières ornant les murs de l'Alhambra reprennent vie avec les voix de ceux qui viennent y prier.

En haut :
Le mirador de San Nicolás, d'où l'on peut contempler la vue la plus universelle et connue de Grenade.

En bas :
Le portail de l'église Santa Isabel la Real.

L'édifice suivant, également très proche, est le **Couvent de Santa Isabel la Real**, fondé en 1501 par la reine Isabelle. Il fut d'abord situé dans le palais de Dar al Horra puis dans le

En haut à gauche :
Escaliers et grand retable de l'église Santa Isabel la Real.

En haut à droite :
Cour principale du Palais de Dar-al-Horra.

nouveau couvent construit sur les terres du palais. L'église fut construite en premier. Le **portail** est d'Enrique Egas, de style gothique isabelin, en forme d'arc florentin avec les symboles des Rois Catholiques sur les pendentifs et leur blason dans la partie centrale. A gauche se trouve la tour, construite en 1549, sur laquelle on remarque de beaux azulejos mauresques sur la partie supérieure. L'**intérieur** de l'église, qui peut être visitée pendant les heures de culte, est d'une grande beauté. L'élément le plus surprenant est son plafond : celui de la nef est en bois, de style mudéjar, celui du chœur est également en bois, dans un style étonnant que nous pourrions qualifier de "gothique anglais". Le grand retable, en haut d'un escalier raide, date du XVIe siècle, avec quelques modifications effectuées au XVIIIe. Il est divisé en deux corps et un attique. En bas, des reliefs de la "Adoración de los Pastores" et "la Circuncisión", accompagnés de sculptures de saint François et sainte Claire. En haut, des peintures de saint Jean-Baptiste et sainte Isabelle, et au centre, un "Crucifié" accompagné de petites sculptures de la Vierge et de saint Jean l'Evangéliste. Dans la partie supérieure, un fronton avec la figure de Dieu le Père. La plus belle partie du couvent est **le cloître**, de la fin du XVIe siècle ; il ne peut être visité que lors de visites guidées puisque c'est un couvent de clôture. Il est connu comme "el claustro de los Reyes Católicos", avec une belle cour agrémentée d'une fontaine au centre et entourée d'une double galerie à deux niveaux, avec sept arcs de chaque côté.

Juste en face du couvent de *Santa Isabel la Real*, dans la rue de la Tiña, se situe l'**Hôpital de la Tiña** ou **Maison du Marquis de Zenete**. Ancienne maison-palais du XVe siècle, elle doit son nom au fait que, au XVIIe siècle c'était un hôpital où l'on soignait la teigne (Tiña). Il faut remarquer sa belle cour, récemment restaurée. Boabdil y vécut entre septembre 1486 et avril 1487, époque à laquelle Grenade avait deux rois, en raison des luttes internes dans la famille royale nasride : Boabdil dans l'Albaicin et son oncle El Zagal dans l'Alhambra.

Derrière le couvent de *Santa Isabel la Real*, dans la rue Ladrón del Agua (rue du voleur d'eau), se trouve le **Palais de Dar al Horra**. Son nom signifie "maison de la reine honnête", puisque dans ce palais vécut la mère de Boabdil quand elle fut répudiée par le roi Muley Hacen ayant pour épouse la chrétienne Isabel de Solis. Il faisait partie de la même propriété appartenant à la famille royale nasride sur laquelle fut construit le Couvent de *Santa Isabel la Real*. Les Rois Catholiques ne le démolirent pas, ils le respectèrent et l'intégrèrent au couvent, qui fut, comme nous l'avons déjà dit, la

En haut :
Un aspect de la cour principale de Dar-al-Horra.

En bas :
Le "Cristo de la Misericordia" par José de Mora, dans l'église San José.

A droite :
Le Chœur de l'église de San José.

première maison occupée par les religieuses en attendant que le nouveau couvent fût construit. Comme dans tout palais arabe, l'espace se distribue autour d'une jolie cour avec un petit bassin au centre. Au nord et au sud, il y a deux galeries chacune avec trois arcs. Le côté nord, le mieux conservé, possède deux niveaux, avec une autre galerie d'arcs dans la partie supérieure, et au premier niveau un beau mirador. C'est l'exemple le plus clair des nombreuses maisons arabes qu'il y avait dans l'Albaicin. Certaines existent encore, et nous permettent d'imaginer la grandeur et la somptuosité de ce quartier autrefois, à l'époque maure et moresque.

La dernière des trois places mentionnées comme les plus importantes du Haut-Albaicin, est celle de **San Miguel Bajo**, presque unie à Santa Isabel et à Dar-al-Horra. Entourée de bars et de terrasses, c'est le lieu idéal pour se reposer et bavarder. L'église de la place est **San Miguel** qui, comme tant d'autres, fut construite pour remplacer une mosquée. Son intérieur est pauvre, et avec le temps, elle a perdu de nombreuses œuvres d'art qui ont été placées dans d'autres églises.

Dans la rue San José toute proche, se situe l'**église San José**, ancienne "Jima de Al Morabitin", une des

plus anciennes de la Grenade musulmane. Transformée en paroisse en 1501, elle fut ensuite détruite et une nouvelle église chrétienne y fut bâtie en 1525. Les seuls éléments restants de l'ancienne jima sont la citerne et le minaret du Xe siècle. A l'intérieur, le plus remarquable est le chœur avec son plafond à caissons de style mudéjar et son retable du XIIe siècle de Ventura Rodríguez. L'image du centre est un "saint Joseph avec l'Enfant", œuvre de Ruiz del Peral et de chaque côté, entre les colonnes, on voit des reliefs de "l'Adoration des Bergers" et "des Rois". Sur la partie supérieure, un "Christ Crucifié" préside l'ensemble. Dans la première chapelle située à gauche du maître-autel, la plus intéressante des chapelles latérales, on trouve une sculpture exceptionnelle, un Crucifié de José de Mora : le"Cristo de la Misericordia" dont on sort la réplique lors de la Procession du Silence le Jeudi saint. Cette œuvre, avec le "San Bruno" du même auteur ou "La Inmaculada" d'Alonso Cano, occupe une place d'honneur dans l'imagerie religieuse de Grenade. Dans cette même chapelle, il existe deux autres petits retables très intéressants, l'un est de style Renaissance et l'autre gothique.

Pour terminer ce parcours de l'Albaicin, deux options sont possibles. La première consiste à descendre la rue San José jusqu'à la **Caldereria** qui ces dernières années a pris l'aspect d'un souk, remplie de teterías et de boutiques d'artisanat moresque. La deuxième option est de retourner à la place San Miguel puis, par le **Carril de la Lona** et la **Cuesta de Alhacaba**, sortir par la **Puerta de Elvira**. Par cette descente, à la moitié du *carril de la Lona*, sur la droite, on trouve la **Puerta Monaita**, récupérée et restaurée. Il s'agit d'une des autres portes de l'époque ziride qu'il y avait dans la muraille de l'Alcazaba. Son ancien nom, sous lequel elle était connue avant le XVIIe siècle, était la **Puerta de Bibalbonaidar** qui signifie "Porte des Eres". A la fin de cette descente, sur une grande esplanade, on trouve la **Puerta de Elvira**, la plus importante et l'entrée principale de la vieille ville.

En haut :
La calle Calderería, authentique souk rempli de teterías et boutiques d'artisanat moresque.

Au milieu :
La Puerta Monaita, connue avant sous le nom de Bibalbonaidar

En bas :
La Puerta de Elvira, entrée principale de la vieille ville.

La Cathédrale
et son environnement

MONOGRAPHIES

(1) CATHÉDRALE, PAG. 128

(2) CHAPELLE ROYALE, PAG. 152

(3) ÉGLISE DU SAGRARIO, PAG. 170

(4) MADRAZA, PAG. 172

(5) CORRAL DEL CARBÓN PAG. 173

PLAN DE LA ZONE

PRINCIPAUX MONUMENTS

Ceux dont la photo illustre le plan.

AUTRES LIEUX À VISITER :

INFORMATION D'INTÉRÊT :

- Cathédrale (n° 1) et Chapelle Royale (n° 2) sont les deux monuments les plus importants de ce chapitre.

Introduction
et parcours

Centre historique et coeur de Grenade, c'est un des lieux les plus emblématiques de la ville, plein de coins et recoins qui éveillent l'émotion et le rêve.

En haut :
Monument de la plaza Isabel la Católica. Elle commémore l'entretien de Colomb avec la Reine Isabelle qui finança son voyage en Amérique.

A droite :
Rue Reyes Católicos, au centre de la Ville.

Les rues et les places qui s'y trouvent sont sans aucun doute les plus importantes de Grenade ; elles constituent donc l'authentique centre historique et commercial de la ville. Depuis l'époque arabe, les activités les plus importantes pour les citadins se sont concentrées là, sur cet espace, ce qui lui a toujours conféré une importance vitale. Tant ses monuments que son paysage urbain en ont fait un des lieux les plus symboliques de Grenade. C'est dans ce quartier que se trouvent les édifices les plus emblématiques de la ville ainsi que les deux monuments les plus connus de Grenade après l'Alhambra : **la Cathédrale et la Chapelle Royale.**

Il existe d'autres monuments de grande valeur et beauté, devant lesquels le voyageur passe par hasard, sans vraiment s'en rendre compte, et qui, dans d'autres villes, mériteraient une visite obligée. Nous parlons de **l'Église *El Sagrario*** attenante à la Cathédrale, située là où se trouvait autrefois la Grande Mosquée de la ville ; de ***la Madraza***, université arabe où l'on étudiait la théologie et le droit, qui fut refaite pour y recevoir l'ancienne mairie ; et du ***Corral del Carbón***, lieu de rencontre et d'héberge-

Place Bibarrambla

ment pour les marchands de la Grenade musulmane. Ces trois monuments mériteront une référence expresse dans les pages de ce chapitre, sous l'épigraphe **" autres monuments dignes d'intérêt"**.

D'autres édifices cités dans ce livre, devront également être connus, tels que : l'archevêché (**el Palacio arzobispal**), place Alfonso Cano ; juste à côté, le Palais du presbytère (**el Palacio de la Curia Eclesiástica**), un des monuments les plus intéressants de la Renaissance grenadine, construit pour être le siège de l'université fondée en 1526 par Charles Quint ; **le Palais des Ducs d'Abrantes**, construction du XVIe siècle, avec un portail gothique et des arcs mudéjars, situé Place de Tovar ; l'Hôtel de Ville de Grenade (**Ayuntamiento de Granada**), Place du Carmen, situé en partie dans l'ancien couvent du Carmen, du XVIIe siècle.

L'espace urbain par excellence de cette zone de Grenade est **la Place Bibarrambla**, une des plus typiques de la ville. C'était là que se terminait l'ancienne cité musulmane. À cette époque, elle était beaucoup plus petite et ne ressemblait presque en rien à la place actuelle. C'était la Grande Place de Grenade où avaient lieu toutes les cérémonies officielles ainsi que les fêtes de la ville. On pouvait y voir une célèbre porte nommée la porte des "Oreilles" puis des "Mains" au XVIe siècle car c'est sur cette place qu'on suspendait les membres des suppliciés. Pour une raison inconnue, cette porte fut enlevée de cette place et transportée dans la forêt de l'Alhambra où elle se trouve actuellement. De nos jours, la place possède un charme particulier et constitue l'un des endroits de rassemblement préféré des Grenadins avec ses traditionnels stand de fleurs et les terrasses de ses bars et restaurants, qui égaient son aspect et la remplissent de vie surtout au printemps et en été. "La fontaine de Neptune et des Géants" occupe son centre, et date du XVIIe siècle bien qu'elle fût placée à cet endroit plus tard.

Près de cette place, se trouve ***l'Alcaicería***, peut-être le lieu le plus tranquille et évocateur de l'ancienne ville musulmane. Il ne reste aujourd'hui qu'une reconstruction partielle de ce que fut ce quartier marchand musulman fondé par Yusuf Ier au XIVe siècle. Sa principale activité était notamment le commerce de la soie. Son nom vient du mot arabe "al-Qaysaryya" qui signifie "Maison de César". Selon l'historien Hurtado de Mendoza, c'était le nom donné à ce genre de marchés dans le monde arabe, en remerciement à l'Empereur Justin Ier (518-527) qui accorda aux Arabes le privilège de produire la soie et de la commercialiser.

Ce que nous pouvons voir aujourd'hui, n'est qu'une petite partie reconstruite qui nous aide à nous faire une idée de ce qu'était ce quartier. Il allait de la Place Bibarrambla à la *Plaza Nueva* et de ce qui est aujourd'hui la rue des Rois Catholiques à la Mosquée, maintenant *Iglesia del Sagrario*. Malheureusement, l'*Alcaicería* brûla la nuit du 20 juillet 1843 et il n'en reste qu'un espace minime qui permet de se faire une idée de

Détail extérieur de la Chapelle Royale.

Détail du frontispice du Palais du presbytère.

Détail de la façade du Corral del Carbón.

Page précédente :
Toits de la Cathédrale et de la Chapelle Royale au coucher du soleil.

A gauche :
L'Hôtel de Ville sur la place du Carmen.

A droite :
Sculpture équestre qui couronne la façade de l'Hôtel de Ville.

ce qu'elle fut dans sa totalité : un véritable essaim de rues étroites et de petites places avec presque deux cents boutiques. Elle avait dix portes qu'on fermait la nuit et qui étaient surveillées par des gardiens avec des chiens. Les maisons ne comportaient pas d'étages et étaient peu profondes ; la plus connue celle des *"Gelices"* se situait à côté de la Mosquée. Les *"gelices"* ou loueurs du commerce de la soie y tenaient leurs bureaux. Il y existait également une Douane et une Maison d'administration de la soie.

A côté du marché de la soie, qui était le plus important, il y avait ceux de l'étoffe, de la laine, des vêtements et beaucoup d'autres encore. Chaque rue portait le nom du commerce qui s'y réalisait. Le "*Zacatín*" représentait l'artère principale du quartier. Son nom vient de "al-Saqqatin" qui signifie "brocanteur" ou "fripier". Néanmoins, y travaillaient également bijoutiers, merciers, alfatiers, etc. Cette rue existe toujours mais elle ne ressemble plus du tout à ce qu'elle fut puisque tout disparut lors de l'incendie. Une autre rue porte un nom étrange, la rue "*Hombres de Confianza*" (Hommes de Confiance). Un peu ironique si l'on tient compte du fait que dans cette rue étaient installés les changeurs et prêteurs qui, probablement, étaient juifs, puisque le Coran interdisait cette pratique aux Musulmans.

Après la conquête, ce quartier fut placé sous la juridiction de l'Alhambra et régi par son gouverneur. En 1501, fut publié un brevet du Roi qui autorisait le commerce de la soie uniquement dans les quartiers des marchands de soie de Malaga, Grenade et Almeria, comme à l'époque musulmane. Dans ce qui reste aujourd'hui du quartier des marchands de soie, qui compte trois rues et une petite place, un groupe de commerçants grenadins s'est formé pour vendre des objets artisanaux et des souvenirs, essayant d'égaler les anciens marchés musulmans.

AVEMARIA

La Cathédrale

Conçue pour être le symbole de la chrétienté et de son expansion par les Rois Catholiques ; Charles Quint fut son véritable auteur et initiateur.

La Cathédrale fait partie des œuvres du plus pur art de la Renaissance mais en raison du grand nombre d'années qu'a duré sa construction, on y trouve du gothique, Renaissance, baroque, néo-classique. Cependant, c'est le style de la Renaissance qui prédomine.

Les Rois Catholiques avaient décidé la construction de la cathédrale en 1501, cependant son exécution ne commença qu'en 1523. La Grande Mosquée, ancien siège de la cathédrale, était devenue trop petite ; c'est pourquoi les Rois décidèrent la construction d'un nouveau temple, beaucoup plus en accord avec l'importance que devait avoir Grenade comme symbole de l'expansion de la chrétienté. Dans ce but, ils firent don cette année-là de toutes leurs possessions, rentes et honoraires de messe de la Grande Mosquée pour la construction de la future Cathédrale. Ils donnèrent également l'Ostensoir de la procession du Corpus, des croix et autres biens. Cependant, comme les Rois Catholiques voulaient avant tout achever la Chapelle Royale (conçue pour être la chapelle funéraire qui abriterait leurs dépouilles), ils retardèrent la construction. La Chapelle Royale fut terminée en 1515, tout du moins la première phase, un an avant la mort

A gauche : *façade principale de la Cathédrale. Son plan fut réalisé par Alonso Cano.*

En haut : *détail de l'abside, vue depuis la Gran Vía.*

du Roi Ferdinand le Catholique ; et l'exécution matérielle de la Cathédrale ne commença que quelques années plus tard. Le véritable initiateur et auteur de sa construction fut Charles Quint.

Les plans de style gothique furent réalisés par Enrique Egas en 1518. On posa la première pierre le 25 mars 1523, jour de la *Santa Encarnación*, à laquelle est dédié le temple. La peste interrompit les travaux qui reprirent en 1524. Ils se poursuivirent jusqu'en 1528, année où Enrique Egas fut remplacé par Diego de Siloé qui dirigea les travaux. Le grand mérite de ce dernier fut d'adapter la construction d'Egas, pour en faire une construction de style romain, plus en accord avec les temps modernes. En 1561, alors qu'elle n'était pas encore terminée (le toit était à peine fini), elle fut ouverte au culte. En 1563, Siloé mourut et Juan de Maeda lui succéda. Mais, en 1568, la Révolution Mauresque interrompit les travaux. A partir de ce moment, différents maîtres architectes se succédèrent. Parmi ces derniers, signalons Alonso Cano, qui dessina la façade d'une manière tout à fait distincte de celle qu'avait projetée Siloé. L'édifice fut finalement achevé en 1704, plus de cent quatre-vingts ans après que la première pierre fut posée.

En haut :
Vue d'ensemble de la Cathédrale, avec le flanc de la Sierra Nevada au fond.

LA FAÇADE EXTÉRIEURE

La **façade principale**, qui se trouve du *côté ouest*, fut dessinée par Alonso Cano en 1667, peu avant sa mort. Elle est encadrée par trois grands portails qui ressemblent à trois grands arcs de triomphe. Le médaillon en relief sur la porte centrale représente la *Vierge de l'Incarnation*, nom de l'église, avec une tablette en relief de "l'Ave Maria" qui nous montre le talent remarquable de Risueño en tant que sculpteur. Les deux sculptures qui encadrent cette porte, sont les Apôtres Pierre et Paul et on les attribue à Duque Cornejo. Les deux reliefs qui se trouvent dans les cavités au-dessus des portes latérales, représentent l'Assomption de Marie et la Visitation ; ils sont de Miguel et Luis Pedro Verdiguier. De ces derniers sont également les médaillons des saints Évangélistes qui apparaissent sous la corniche centrale ainsi que les statues qui se trouvent sur celle-ci représentant l'Ancien Testament, le Nouveau Testament et les Archanges Michel et Raphaël.

Sur la façade nord, il faut remarquer **la Puerta de San Jerónimo** que l'on trouve après avoir passé la tour et surtout **la Puerta del Perdón.** La première partie de cette porte de Diego de Siloé est sans doute l'œuvre sculpturale la plus importante de cet artiste. Elle présente deux colonnes corinthiennes de chaque côté et sur les écoinçons au-dessus des arcs (en plein cintre) se trouvent deux figures allégoriques de la "Foi" et de la "Justice" qui soutiennent une tablette en latin sur laquelle est déclaré comment la Foi et la Justice donnèrent la ville aux Rois Catholiques et le siège à son premier archevêque, Frère Hernando de Talavera. La partie haute, couronnée par la figure de Dieu le Père, est d'Ambrosio de Vico (à l'intérieur de l'arc).

Côté est, nous ferons seulement référence à la **Puerta del Ecce Homo**, la plus ancienne de la Cathédrale qui fut tracée par Siloé et exécutée par Sancho del Cerro. Ici se termine la visite extérieure puisque le côté sud de la Cathédrale ne présente pas de façade ; de ce côté sont adossées **la Iglesia del Sagrario** et **la Capilla Real**.

En haut :
Détail du médaillon qui se trouve sur la porte principale ; il représente la Vierge de l'Incarnation.

À droite :
"Puerta del Pardon", sur le côté nord.

En réalité, la Cathédrale devait avoir deux tours jumelles, mais comme il avait été prévu de construire l'église El *Sagrario* à côté, le projet fut abandonné. Il n'y a qu'une tour composée de trois parties, d'une hauteur d'environ 50 mètres et qui n'a jamais été achevée. Le projet de Siloé en prévoyait deux d'environ quatre-vingts mètres de haut chacune. Ce projet initial comprenait les trois parties de forme cubique -que possède la tour actuelle- ainsi qu'une quatrième de forme plus octogonale. Cependant, suite à l'affaissement de la tour en 1590, la quatrième partie ne fut jamais construite. On essaya de nouveau en 1636 mais sans succès, la laissant donc inachevée. La tour actuelle de forme carrée se voit de tout lieu élevé de Grenade et sa majesté en fait l'un des symboles de la ville.

En haut :
Joli jeu de formes des plafonds qui recouvrent les nefs de la Cathédrale.

LE PLAN ET L'ÉLÉVATION INTÉRIEURE

Nous entrons dans la cathédrale et nous ne pouvons qu'être saisis face au grandiose des nefs, des colonnes et à son immense blancheur qui nous donne plus la sensation d'être dans un palais de la Renaissance que dans une Cathédrale. Ce n'est pas une église qui nous appelle à la dévotion et au recueillement, mais plutôt à l'émerveillement et à l'exaltation de l'esprit humain. C'est ici que la Cathédrale de Grenade nous surprend et nous emplit d'admiration, mais procédons par étapes.

Dans la Cathédrale, il y a deux parties bien distinctes :

a) Le tracé gothique d'Enrique Egas, est semblable à celui de la Cathédrale de Tolède avec son déambulatoire. Le plan en croix latine est estompé dans son contour par les chapelles rayonnantes, encastrées dans les contreforts, formant ainsi des niches pour ne pas distraire l'attention portée sur le maître-autel.

b) L'élévation des colonnes et du chœur transforme l'idée initiale du gothique pour le convertir en un temple Renaissance, de style romain. Dans ce but, Siloé profita de son séjour en Italie, s'inspirant des colonnes à chapiteaux corinthiens et de l'adaptation d'éléments cubiques et cylindriques pour le tracé du chœur (ceci s'était déjà annoncé à Florence avec l'œuvre de Brunelleschi et avec Bramante et Michel-Ange dans la Basilique Saint-Pierre de Rome). Siloé fit confluer le tracé rectangulaire vers le cercle du chœur, là où se concentre toute l'attention. Le chœur à voûte

Plan de la Cathédrale

(Edifices annexes : l'église El Sagrario et la Chapelle Royale)

L'ÉGLISE EL SAGRARIO

Elle occupe une grande partie de l'emplacement où était située l'ancienne Grande Mosquée. Sa construction fut postérieure à celle de la Cathédrale.

LA CHAPELLE ROYALE

Conçue initialement comme chapelle faisant partie de la Cathédrale, sa construction fut antérieure. Elle a toujours gardé son indépendance et celle des institutions qui la gouvernent.

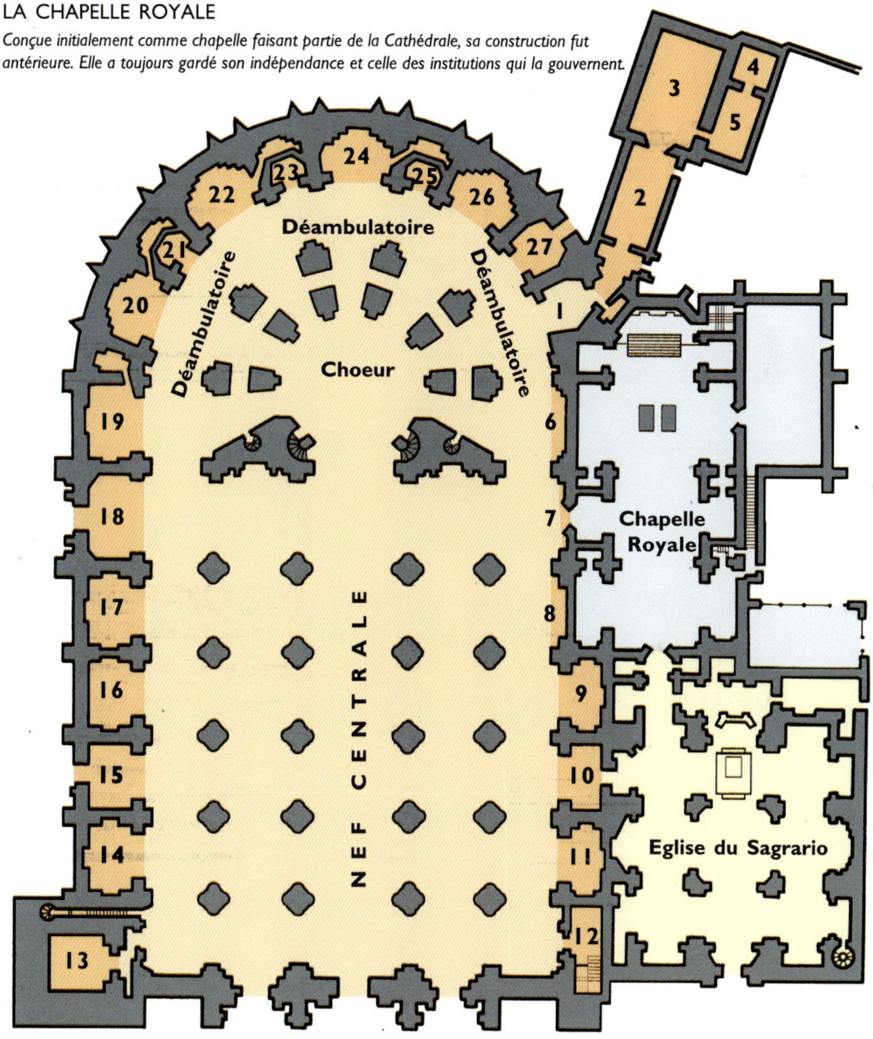

CATHÉDRALE

1.- Entrée de la Sacristie
2.- Avant salle de la Sacristie
3.- Sacristie
4.- Oratoire de la Salle Capitulaire
5.- Salle Capitulaire
6.- Retable de Saint-Jacques
7.- Entrée de la Chapelle Royale
8.- Retable du Nazaréen
9.- Chapelle de la Sainte Trinité
10.- Porte du Sanctuaire
11.- Chapelle San Miguel
12.- Porte de la Contaduría
13.- Entrée de l'ancienne Salle Capitulaire (actuellement Musée)
14.- Chapelle de la Virgen del Pilar
15.- Porte de San Jerónimo
16.- Chapelle de la Virgen del Carmen
17.- Chapelle de la Virgen de las Angustias
18.- Porte du Pardon
19.- Chapelle de Nuestra Señora de la Antigua
20.- Chapelle Santa Lucía
21.- Chapelle de El Cristo de las Penas
22.- Chapelle Santa Teresa
23.- Chapelle San Blas
24.- Chapelle San Cecilio
25.- Chapelle San Sebastián
26.- Chapelle Santa Ana
27.- Porte de l'Ecce Homo

ascendante d'une hauteur impressionnante, est le centre de tous les axes qui rayonnent depuis la porte principale et depuis le déambulatoire, sans chapelles latérales notables qui retiennent l'attention. Là réside l'immense valeur de cette Cathédrale où Siloé sut tirer parti de ce que lui avait laissé Egas pour l'adapter à une idée totalement nouvelle, profitant du transept rectangulaire qui aurait divisé la Cathédrale en deux parties bien définies.

Page précédente :
Vue de la Cathédrale depuis sa nef centrale. Au fond, le chœur.

En bas :
Le plafond vu depuis le centre de la nef centrale.

LA NEF CENTRALE

Nous devons nous arrêter quelques instants pour admirer le grandiose et la perfection des formes de la nef centrale ; immédiatement elle nous rappelle, à plus petite échelle, les grands temples italiens de cette époque. Il ne serait pas excessif de la comparer, en moindre mesure, à la basilique Vaticane. Les voûtes en croisées d'ogives, aux différents motifs, sont une innovation dans l'art de la Renaissance. La largeur des nefs et des colonnes, ainsi que la hauteur relativement basse de ses voûtes et de ses croisées d'ogives, laissent penser que Siloé prit vraiment en compte les tremblements de terre quand il réalisa les plans de la Cathédrale.

L'absence de stalles au centre, dans la nef, qui aurait enlevé de la visibilité et de la majesté est à remarquer. Elles furent retirées en 1926 et ce fut une juste décision. Elles furent remises à leur emplacement d'origine, derrière le chœur. Le contraste des lumières, avec la blancheur, les vitraux et tout ce qui se trouve autour des deux orgues jumeaux (au centre de la nef) lui donne une atmosphère particulière, qu'on ne trouve dans aucune autre église espagnole. Les colonnes ne sont pas individuelles mais en blocs de quatre, avec un pied qui leur donne encore plus de relief et de hauteur. On dit que c'est d'ici que l'on peut admirer dans toute sa splendeur l'œuvre de Siloé et de Cano. On peut également admirer dans sa totalité la grande étendue de la Cathédrale ; en effet elle mesure cent quinze mètres de long sur soixante-sept de large.

C'est justement au centre de la nef centrale que se trouve le "Panthéon des Archevêques", lieu où fut enterré Alonso Cano ; on ne l'a d'ailleurs appris que récemment, ce qui indique bien qu'on ne lui avait pas donné une place de choix comme cela aurait dû être.

Les deux orgues identiques qui ferment les côtés de la nef centrale méritent une mention spéciale ; datant du XVIIIe siècle, époque de l'essor de la musique d'orgue, les deux instruments, œuvres de Leonardo Fernández Dávila, furent terminés en 1745 et 1749, destinés à fermer le choeur qui se trouvait là. On remarque tout de suite qu'ils sont espagnols de par les trompettes en éventail qui pointent vers l'extérieur en forme de batteries de canons, contrairement à l'orgue de l'Europe centrale qui possède seulement des tuyaux verticaux.

Page précédente :
Les orgues, du XVIIIe siècle, sont un des éléments qui apportent le plus de splendeur à la cathédrale.

En bas :
Détail du plafond de la nef centrale et des deux orgues, avec leurs trompettes en éventail qui ressortent vers l'extérieur.

LE CHOEUR

En haut :
Détail du petit temple en argent qui occupe le centre du Maître-autel, avec la coupole qui recouvre le Chœur au fond.

Asseyons-nous dans le centre de la nef et regardons le tracé de sa voûte. Le chœur est encadré par un arc de triomphe couvert par un arc principal qui se rétrécit à mesure qu'il se rapproche du centre. La décoration des murs est constituée par les vitraux des deux étages supérieurs ainsi que par les toiles d'Alonso Cano décrivant la vie de la Vierge.

La voûte est haute de quarante-cinq mètres et son diamètre à la base est de vingt-deux mètres. Siloé s'occupa de sa décoration qui se compose également de vitraux, oeuvre de Teodoro de Holanda et Jan Van Campen ou Juan del Campo. Les motifs de ces derniers sont la Vie et la Passion du Christ ainsi que des scènes bibliques.

Sur la partie juste en-dessous, les sept grandes toiles d'Alonso Cano qui comblent les creux existants (sûrement pour plus de vitraux), furent commandées par le Chapitre, pour louer la Vierge Marie à laquelle ce temple est dédié et en particulier au Mystère de l'Incarnation.

Les sept tableaux -on en voit seulement trois de face- représentent Marie depuis sa naissance jusqu'à son Assomption. Cano dut faire face à un grand problème, car la hauteur et les dimensions énormes des cavités rendaient le projet difficile dans la mesure où les personnages pouvaient paraître trop allongés, ou trop petits si les tableaux avaient été divisés en deux moitiés. Le coloris fut un autre problème car il devait être brillant et gai, mais sans excès pour ne pas se trouver assombri par la clarté des vitraux.

Cano résolut ces problèmes d'une manière originale ; les personnages se trouvent sur des marches ou des parapets, dans la partie basse, et la partie haute offre des scènes célestes ou des paysages architectoniques ; les personnages restent ainsi à une échelle normale. Le coloris est brillant, mais avec l'encadrement doré, elles ressortent et ne se trouvent pas affectées par la lumière des vitraux. Un détail notoire qui se trouve au centre est celui de "la Vierge de l'Incarnation", élément principal de tous les tableaux, où l'Archange Gabriel est agenouillé, les ailes non déployées, montrant ainsi la révérence qu'il manifeste à la Vierge et comment il l'exalte.

Le corps inférieur est décoré avec des tableaux représentant les Docteurs de l'Église, leurs noms apparaissent en latin et recouvrent les niches qui allaient servir de tombes royales ; c'était l'idée de Charles Quint qui voulait faire ici un Panthéon Royal, puis un panthéon pour les archevêques ; mais elles ne furent jamais utilisées. Postérieurement, Philippe II (fils de Charles Quint) décida que le Panthéon où reposeraient les rois espagnols serait *le Monastère de l'Escorial*. Les tableaux sont de Bocanegra et Juan de Sevilla. Juste au-dessous de ces derniers se trouvent les statues dorées des douze Apôtres, faites par Martín de Aranda, Barnabé de Gavira et Alonso de Mena.

De chaque côté se trouvent les statues orantes des Rois Catholiques faites par Pedro de Mena ; et sur celles-ci les bustes d'Adam et Eve, œuvre de Cano, avec une grande influence de Michel-Ange surtout dans le mouvement de la tête.

Dans la partie basse nous pouvons voir de chaque côté deux chaires baroques, faites en marbre de Lanjarón (un village situé dans les Alpujarras dans la région de Grenade), œuvre de Francisco Hurtado Izquierdo, dans le même style que le retable de *Nuestra Señora de las Angustias*. Les candélabres ont été dessinés par Cano et faits par l'orfèvre Diego Cervantes Pacheco.

Finalement le maître-autel, œuvre de José Navajas Parejo, est moderne et en forme de petit temple. Il fut placé ici en 1926. Il est en argent avec un pied en marbre serpentin de la Sierra Nevada, fait également par José Navajas Parejo et payé par le Duc de San Pedro Galatino (grand mécène de Grenade, dont les restes reposent dans la *Capilla de la Antigua*, dans cette même cathédrale). Derrière, se trouve les stalles datant du XVIe siècle. Entre ces deux derniers, se trouve le lutrin, œuvre de Cano et fait en marbre de serpentin, et acajou avec les ornements en bronze doré.

À droite :

Détails des deux chaires baroques, de chaque côté du Maître-autel. Œuvre de Francisco Hurtado Izquierdo.

Alonso Cano

"Le Michel-Ange espagnol"

(1601-1667)

Fils de Miguel Cano et de María de Almansa, il naquit à Grenade. Il s'intéressa à l'art dès sa plus tendre enfance car son père était sculpteur sur bois et il travailla sur plusieurs retables. Il semblerait d'ailleurs que, suite à une commande, ou à cause du manque d'artistes de renommée, son père dût se rendre à Séville en 1614 où il y avait une activité artistique plus riche. Cano n'avait que 13 ans.

À Séville, en 1616, Alonso Cano commença à étudier et à travailler dans l'atelier de Francisco Pacheco. Là, il fit connaissance et se lia d'amitié avec celui qui allait devenir un génie universel de la peinture, Diego Velásquez. Cano travailla dans cet atelier pendant cinq ans, où il apprit l'art de la peinture. De son père, il apprit l'art de l'architecture, et celui du retable ; de Martínez Montañes, celui de la sculpture, également à Séville. Toutes ces influences firent de Cano un artiste complet et génial. Durant ses années à Séville il laissa des œuvres importantes comme le "Retable de l'église de Lebrija" et le "Tableau de saint François de Borja".

Concernant sa vie sentimentale, il se maria avec María de Figuerda en 1625, dont il devint veuf deux ans plus tard, suite à un accouchement. Peiné par son veuvage, il se remaria en 1631 avec une jeune fille de douze ans, María Magdalena de Uceda qui apporta une dot importante, et un esclave noir. Mais Cano, malgré tout ce qu'il gagnait de ses commandes en plus de la dot de son épouse, fut conduit en prison pour dettes ; il administrait très mal ses biens et faisait des dépenses excessives, surtout en livres, maisons et œuvres d'art.

En 1638, âgé de 37 ans, il partit pour la première fois à Madrid, avec une extraordinaire formation dans les trois arts plastiques déjà cités. Lorsqu'il arriva à Madrid, son vieil ami Velásquez et Juan de Pareja, le parrainèrent. Velásquez intervint également auprès du Comte-Duc d'Olivares pour qu'il soit admis comme peintre et valet de chambre à la Cour de Philippe IV. Il fut également nommé professeur de dessin du prince Baltasar Carlos, fils de Philippe IV. De son séjour à Madrid, on ne lui reconnaîtra qu'une seule œuvre : *"El Milagro del Pozo"* (le miracle du puits), puisque la plus grande partie de son activité artistique consistait à restaurer des tableaux, et à cette époque, il était peu attiré par le travail ; il passait son temps à regarder des tableaux et des dessins.

Page précédente :
"La Visitation" (1563). Une des sept grandes toiles d'Alonso Cano, qui décore la Chapelle Royale.

En haut :
Portrait d'Alonso Cano. (Oeuvre cédée par le musée des Beaux- Arts de Cadiz).

En 1644, un malheureux événement allait bouleverser sa vie à jamais, celui de l'assassinat de sa seconde épouse transpercée de coups de poignard, apparemment par un jeune à qui Cano avait permis d'étudier dans son atelier. Le maître fut accusé de l'assassinat et il fut torturé par l'Inquisition, avec ses "habituelles" méthodes. Cependant, ce qui est certain, c'est que ses tortionnaires ne lui ont touché ni le bras ni la main droite. Il le doit peut-être à son art ou à l'intervention du roi. Heureusement, Cano sortit sain et sauf et innocent de ce terrible procès.

Aigri, seul et plein de ressentiment, il prit la route pour Valence l'année même, avec l'idée d'entrer comme Chartreux dans le Monastère de Porta Coeli. Il y pensait si fermement qu'il y laissa tous ses biens personnels. Mais finalement il abandonna cette idée, menant pendant plusieurs années une vie atrabilaire et querelleuse, à tel point qu'il fut impliqué dans plusieurs duels. En 1651, sa vie prit un nouveau tournant. De nouveau il voulut rentrer dans la vie religieuse et demanda son admission comme Chanoine dans la cathédrale de Grenade, sa ville natale. En 1652, étant donné que la seule place vancante était celle de musicien on lui offrit le poste de prébendier[1]. Cependant, au lieu d'apporter sa contribution en tant que musicien ou chanteur, il le fera avec des travaux de peinture, sculpture et architecture grâce auxquels il embellira la Cathédrale où il restait encore beaucoup de cavités à combler et parties de l'édifice non terminées, comme les voûtes et la façade principale.

Pour intégrer la communauté de la Cathédrale, il dut démontrer que son sang était pur, qu'il n'avait pas d'ascendance juive ; ce qui naturellement se fit sans problème. D'ailleurs, Cano ressentait une terrible aversion pour les Juifs, il en devint même maniaque ; qu'on lui touchât les vêtements, le dégoûtait et il ne marchait pas là où ils avaient eux-mêmes marché. Arriva même le cas où étant très malade, le curé de Santiago vint lui donner l'Eucharistie. Très sereinement, Cano lui demanda s'il donnait les sacrements aux Juifs. Comme celui-ci lui répondit affirmativement, Cano répondit : "Allez en paix, car qui donne les Sacrements aux Juifs, ne doit pas me les donner". Il le renvoya et fit appeler le curé de *San Andrés*.

Une fois dans son poste de prébendier, les Chanoines aménagèrent pour lui une demeure et un atelier au premier étage de la tour. Cano était même exempté, lorsqu'il travaillait dans ses œuvres d'art pour la Cathédrale, d'assister aux offices religieux, à l'exception des dimanches et jours fériés. Cependant ses relations avec les chanoines ne devaient pas être très bonnes, car ces derniers se plaignaient qu'il ne faisait aucun travail d'importance, venant même à remettre en cause ses capacités de peintre. Le maître, face aux doutes du Chapitre sur ses capacités artistiques, et au manque d'assiduité pour payer salaires et matériaux (il resta quatre années sans être payé), commença à ne plus assister aux offices et à les déranger le plus possible. Ces différends firent

À gauche :
"L'Assomption" (Alonso Cano, 1662-1663).
Il décore la Chapelle Royale.

[1]Le prébendier est celui qui apporte sa part ou sa ration à une cathédrale ou à une collégiale. Dans ce cas il devait apporter sa contribution en tant que chanteur dans le chœur.

monographie

que son ordination comme clerc fût repoussée, et Cano partit de nouveau à Madrid en 1657.

Il est tout de même étrange que la Chapitre considérât peu abondante l'oeuvre réalisée par Cano lors de son premier séjour à Grenade. Il réalisa, entre autres, les oeuvres suivantes : il dessina les deux lampes en argent du maître-autel, fit le lutrin, conçut les sept tableaux de la vie de de la Vierge pour le maître-autel, traça les plans de l'église et du couvent de "l'Ange de la Garde" (où aujourd'hui se trouve "la Banque d'Espagne"), peignit quatorze tableaux, fit les célèbres statues des saints (en bois) qui aujourd'hui se trouvent au musée des Beaux-Arts de Grenade ; et surtout, sa plus grande œuvre sculpturale, une des plus importantes de l'école espagnole de tous les temps : "l'Immaculée" (1655-56), qui fut conçue à l'origine pour couronner le lutrin[2].

Une fois à Madrid, il obtint du roi la permission d'être ordonné clerc, et finalement il le fut à Salamanque, en mars 1658. Avec cette prébende et l'appui de Philippe IV, il fut admis de nouveau à Grenade comme prébendier, en 1660. De plus, les chanoines, avant si avares, finirent par lui payer tout ce qu'ils lui devaient.

Cependant, durant les dernières années de sa vie, Cano ne fut pas non plus bien traité par le Chapitre de la Cathédrale. En effet, une fois que Cano eut réalisé les sept tableaux de "La Vie de la Vierge" (qui rehaussent le maître-autel), ainsi que "La Vierge de Belen" (d'abord prévue pour orner le lutrin, au lieu de la "Vierge Immaculée"), les chanoines le privèrent de sa demeure dans la tour, lui ordonnant de la quitter sur le champ. Voilà comment il fut remercié de son travail ! Et ceci alors que les chanoines considéraient les deux sculptures de la Vierge qu'il fit pour le lutrin, si belles ("L'Immaculée" et la "Vierge de Belen"), qu'ils préférèrent changer leur emplacement initial pour un autre où elles pouvaient être mieux admirées et de plus près.

Rapportons maintenant une anecdote de la vie de Cano qui nous aidera à mieux connaître la force et le caractère de ce génial artiste. À cette époque, dans le courant de l'année 1666, Cano réalisa une statue de saint Antoine de Padoue de petite taille que lui avait commandée un "auditeur"[3]. Lorsque la statue fue achevée, l'auditeur lui en demanda la prix. Le maître lui répondit qu'elle coûtait cent doublons. Comme l'auditeur n'y trouvait pas son compte, il en vint à dire à l'artiste qu'il lui demandait presque un doublon par jour de travail et que lui en tant qu'auditeur de Grenade, il ne gagnait pas autant. Cano courroucé, lui répondit : "Des auditeurs, le roi peut en faire avec la poussière de la terre, mais Dieu est le seul qui puisse faire un Alonso Cano" et rempli de colère et sans attendre la réponse, il jeta la statue par terre.

En haut :
"La Purificación de la Virgen y Presentación del Niño" (Alonso Cano 1655-1656).
Il décore la Chapelle Royale.

[2] Le lutrin est une espèce de pupitre élevé dans le chœur d'une église, pour porter les livres avec lesquels on chante l'office.

[3] Magistrat chargé d'administrer la Justice dans les affaires du royaume.

Au contraire, avec les pauvres il était charitable et fit tout ce qu'il put pour leur porter secours. Comme il était toujours à court d'argent, son aumône consistait à leur faire un dessin en leur disant qui le leur achèterait et à combien ils devaient le vendre. Cette aspect de Cano montre son humilité et sa tendresse envers les plus nécessiteux et sa colère et irascibilité envers ceux qui mettaient en doute sa valeur, qu'ils fussent nobles, auditeurs ou ministres de la "Sainte Église".

Le 4 mai 1667, les chanoines le nommèrent "Grand-Maître" de la cathédrale, acceptant également cette même année son ultime projet, que Cano ne verra jamais achevée : la façade de la cathédrale ; effectivement il mourut trois mois plus tard. De cette dernière époque datent les bustes de "Adam" et "Ève", "La Tête de saint Paul", "La Vierge Immaculée" de l'oratoire de la cathédrale, "La Rencontre de Jésus avec sa mère sur le chemin du calvaire" ou bien "Voie Douloureuse", du retable du nazaréen. En sont issus également le plan de l'"Iglesia de la Magdalena" et la toile de la "Vierge au chapelet", dans la cathédrale de Malaga. Cano mourut le 3 septembre 1667. Les chanoines ne donnèrent qu'une simple et brève note de sa mort et ses funérailles furent célébrées en toute hâte le jour même de son décès. Au moins, ils lui firent la grâce d'être enterré dans la crypte de la Cathédrale, comme lui-même l'avait demandé. Là, au moment de sa mort, nous trouvons l'ultime anecdote de sa vie, preuve de son caractère et de sa sensibilité pour la beauté classique. Sur son lit de mort, un curé vint le voir avec un crucifix dont la statue n'avait pas été taillée par une main experte. À sa vue, Cano lui demanda de le retirer. Le curé lui répondit : "mon fils, que faites-vous là ? Ce Seigneur te rachètera". Sur quoi, Cano répliqua : "Mon père, mais vous voulez donc me mettre en colère et que le Diable m'emporte, donnez-moi une simple croix que je le vénère et le révère et le contemple à ma façon." Et prenant dans ses mains une grossière croix de bois, il expira.

Il fut si pauvre dans ses dernières années qu'il ne put même pas laisser dans son testament un doublon pour que l'on pût dire la messe pour son âme. Le peu qu'il avait, se trouvait à Valence, dans la chartreuse déjà mentionnée de "Porta Coeli" et, cela se réduisait à des livres, des images et quelques moules.

Cano fut un incompris, il naquit hors de son temps. C'était avant tout un homme de la Renaissance, qui dominait tous les arts plastiques.

À gauche :
"La Encarnación" par Alonso Cano 1652. Des sept toiles qui décorent le Choeur, celle-ci occupe le centre. Cette église est dédiée au Mystère de l'Incarnation.

monographie

En haut à gauche :
"le Christ Crucifié",
par Martinez Montañes.

En haut à droite :
vue d'ensemble de la sacristie.

En bas :
L'Immaculée Conception,
chef-d'oeuvre de Cano.

LA SACRISTIE

Avant d'entrer, nous devons contempler la belle façade de Diego de Siloé. Il s'agit d'une porte richement décorée. Là, ressort une Vierge à l'enfant, sur la corniche, avec de chaque côté, les statues de saint Pierre et de saint Paul. Sur les magnifiques pans des portes en noyer sont taillées des têtes d'apôtres et de saints.

La sacristie se trouve au fond d'un petit couloir, là où se trouvent les armoires en noyer où l'on serre les ornements d'église. Des tableaux qui ornent cette pièce, on retiendra : l'"Annonciation aux Pasteurs", par Bassano et "la Sainte Famille" par J. de Sevilla. Un crucifix préside dans la sacristie. Il était déjà là au XVIIIe siècle. C'est l'œuvre de Martínez Montañes de l'école sévillane. Au-dessus, se trouve une "Annonciation" d'Alonso Cano et en-dessous le chef-d'œuvre du même auteur : la Vierge "Immaculée Conception", petite sculpture de cinquante centimètres environ, faite en bois de cèdre. Le socle en argent est postérieur. C'est, sans aucun doute, la plus belle œuvre de la Cathédrale ; et peut-être, de par sa beauté, sa couleur, ses mains et sa petite taille, la meilleure sculpture du XVIIe siècle espagnol.

À gauche :
Retablo de Santiago, par Francisco Hurtado Izquierdo.
La sculpture du centre, qui a donné son nom au retable, est l'Apôtre saint Jacques ou "Matamores", œuvre d'Alonso de Mena.

La pièce est entourée de meubles à tiroirs de sacristie, faits en acajou, dessinés par Miguel Verdiguier et réalisés par Dezelles. Sur ces meubles sont disposées de magnifiques glaces, de style baroque, provenant de la fabrique royale des miroirs de Paris. Au-dessus se trouve un "Apostolat" (ensemble de tableaux des "saints Apôtres"), de l'École de José de Ribera (El Españoleto) ; le "saint Pierre" pourrait bien être de lui.

LES CHAPELLES DES COLLATÉRAUX ET LE DÉAMBULATOIRE

Nous décrirons, pour conclure, les chapelles et quelques-uns des portails qui occupent les collatéraux, ainsi que le déambulatoire. La plupart des chapelles sont de l'époque baroque, néo-classique. Cependant, du fait de leur grand nombre, nous avons préféré signaler chacune d'entre elles et ne décrire que celles qui selon nous présentent le plus d'intérêt. Nous commencerons par la première chapelle qui se trouve à gauche en sortant de la sacristie et nous continuerons en direction de la porte principale, puis, dans le collatéral opposé, de cette même porte jusqu'à la fin du déambulatoire. Près du nom de chaque chapelle, apparaît un numéro qui correspond à la situation de celle-ci sur le plan général qui se trouve page 133.

Le Retable de Santiago (6) : de style baroque, en bois polychromé, réalisé par Francisco Hurtado Izquierdo. L'image du centre qui a donné son nom au retable, œuvre d'Alonso de Mena, représente l'Apôtre saint Jacques ou *"Matamores"* (ainsi était-il appelé par l'ensemble des gens, car selon la tradition, il apparut lors de la bataille de Clavijo en 857 et vainquit les Maures). Les statues latérales de José et Diego Mora, représentent *San Cecilio*, patron de Grenade et *San Gregorio*. Au dessus, il y a un petit tableau qui représente "La Vierge des Pardons", ca-

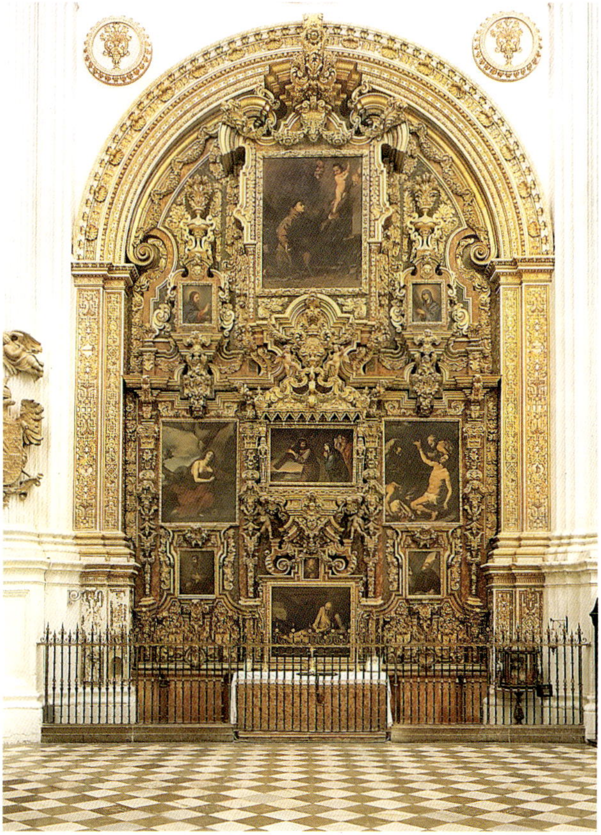

À gauche :
Retable du Nazaréen.

En bas :
Frontispice de la Chapelle Royale. Au départ cette porte donnait sur la rue. Quand la Cathédrale fut construite, adossée à la Chapelle, elle demeura à l'intérieur du monument.

deau du Pape Innocent VIII à la Reine Isabelle. Ce tableau présida l'autel devant lequel fut célébrée la première messe à Grenade, dans l'Alhambra, après la Reconquête. En haut, au centre, il y a une Vierge Immaculée Conception (par Risueño ou par Mena) et de chaque côté se trouvent deux tableaux des évêques *San Tomas de Villa Nueva* et *San Pedro Pascual*, de Risueño.

Portail de la Chapelle Royale (7) : cette porte donnait sur la rue mais quand fut construite la Cathédrale, adossée à la Chapelle Royale, elle resta à l'intérieur. Le tracé est d'Enrique Egeas, en style gothique isabellin. Une "Epiphanie avec la Vierge à l'Enfant" couronne la porte avec de chaque côté "saint George" et "saint Jacques". Bien visibles sur l'arc de la porte, le blason et les emblèmes des Rois Catholiques.

Retable du Nazaréen (8) : de style baroque, cette œuvre de Marcos Fernández Raya est un retable destiné à encadrer des tableaux parmi lesquels on trouve : "l'Apparition de l'enfant Jésus à saint Antoine", le plus haut et le grand de tous, "Martyre de saint Laurent", "Tête de saint Pierre", "Marie Madeleine" et "saint Paul l'ermite", tous de José Ribera (*El Españoleto*). Cependant le dernier (saint Paul), pourrait bien être une copie. Deux portraits de "Jésus et Marie", un "Rencontre de Jésus etMarie sur le chemin du calvaire" et un "saint Auguste", œuvres d'Alonso Cano. Enfin, un "saint François d'Assise" qui pour son fin tracé est attribué au Gréco.

Chapelle de la Sainte Trinité (9) : sur cette chapelle, on dira seulement qu'elle doit son nom au tableau qui figure sur la partie supérieure du triptyque qui représente "Le Mystère de la Sainte Trinité". C'est l'oeuvre d'Alonso Cano, esquisse d'un autre tableau aux grandes dimensions qu'il peignit pour le couvent

de *San Antón*. Ce tableau est légendaire, en effet la légende dit que Cano le peignit pour les moines de ce couvent en échange d'une assiette de *"chanfinas"* (une sorte de ragoût).

La Porte du *Sagrario* (10) : elle fait le lien entre la Cathédrale et l'église du El Sagrario. Elle n'a rien de spécial, à l'exception d'une "Annonciation" de Pedro Anastasio Bocanegra et à sa droite un tableau du "Nazaréen", devant lequel priait saint Jean de Dieu. En face il y a une copie du miraculeux "Christ au Drap", du village de Moclín.

La Chapelle *San Miguel* (11) : c'est la dernière chapelle de ce collatéral et un des derniers retables réalisés (1804-1807). Elle est en marbre et de style néo-classique. Le plus remarquable, c'est le relief de "l'Archange saint Michel", qui donne son nom à tout l'ensemble réalisé en marbre blanc par Juan Adán.

La Porte de l'Intendance (12) : c'est la dernière porte de ce collatéral, et elle s'appelle ainsi parce que c'est là que se trouvait l'Intendance qui était le lieu où l'on gérait les comptes et les biens de la cathédrale.

Le Portail de l'ancienne Salle Capitulaire (aujourd'hui musée) (13) : c'est la première porte que l'on trouve dans le collatéral opposé, œuvre de Maeda, disciple de Siloé. Les personnages sur l'arc représentent "La Prudence" et "La Justice". Sur la corniche se trouve une "Charité", de Diego Pesquera. Nous sommes dans l'intérieur de la tour, anciennement salle capitulaire de la Cathédrale, actuellement elle abrite un petit **musée**. On peut y trouver de bonnes sculptures d'Alonso Cano et de Pedro de Mena, des tapisseries de Bruxelles, des habits brodés par des Mauresques au XVIe siècle, un Ostensoir offert par la Reine Isabelle lors de la procession du Corpus Christi, des calices et différents objets précieux (dons d'archevêques, rois et papes). Il faut également noter le tableau de "La Vierge à l'enfant Jésus" attribué à Léonard de Vinci.

La Chapelle de la *Virgen del Pilar* (14) : style néo-classique, faite en marbre et en bronze, son retable central représente l'apparition de la Vierge à saint Jacques. C'est une œuvre de Juan Adán, qui est également l'auteur du reste des sculptures de la chapelle. Après cette chapelle on trouve **la Porte de Saint-Jérôme (15)**, son ouverture fut fermée pour faire une Salle de Bénéficiers.

La Chapelle de la *Virgen del Carmen* (16) : c'est un retable de style baroque tardif, presque Rococo. L'image de la "*Virgen del Carmen*" qui est attribuée à José de Mora, occupe le centre.

Les personnages qui accompagnent et entourent la Vierge sont "Simon Stock" et "Elie". La sculpture de "Santa Catalina Muerta" par Torcuato Ruíz del Peral, occupe la partie inférieure du retable.

À gauche :
"El Lavatorio", "la Cène" et "La Prière dans le jardin.".
(Teodoro de Holanda 1559- 1560). Ces vitraux décorent le Chœur.

"La Crucifixion". (Juan de Campo 1558-1561). Chœur de la Cathédrale.

et la croisée du transept, se trouve la **Porte du Pardon (18)**.

La Chapelle de *Nuestra Señora de la Antigua* (19) : c'est un autre retable des plus intéressants, oeuvre de Duque Cornejo, de style baroque excessivement travaillé qui nous conduit au Churrigueresque exacerbé[4]. Il est entièrement en bois polychromé recouvert de feuilles d'or. Une sculpture de "*Nuestra Señora de la Antigua*" occupe le centre et, du fait de sa simplicité et de son élégance (de style gothique allemand du XVe siècle), elle contraste avec le style chargé du retable. Cette sculpture de la Vierge faisait l'objet d'une véritable dévotion de la part des Rois Catholiques qui l'amenèrent à Grenade pendant la Conquête et la donnèrent à la Cathédrale.

Les personnages qui se trouvent de chaque côté de la Vierge sont "saint Grégoire" et "*San Cecilio*". Des scènes de la vie de la Vierge et de Jésus et des petites toiles illustrent le retable. L'Archange saint Michel tout

En haut à gauche :
Chapelle de la Virgen de las Angustias.

En haut :
Sculpture en marbre blanc de Nuestra Señora de las Angustias

La Chapelle de la *Virgen de las Angustias* (17) : peut-être qu'il s'agit du retable le plus original et le plus étrange de tous et aussi un des plus beaux. Réalisé tout en marbre de Lanjarón et en pleine apogée du baroque andalou, c'est une œuvre de José de Bada et les sculptures sont d'Agustín Vera Moreno. La caractéristique la plus notable de cet autel, réside dans le manque d'éléments pour le soutenir tels que la pierre, le bois ou le bronze.

Une statue en marbre blanc de "*Nuestra Señora de las Angustias*", patronne de Grenade, occupe le centre. Les personnages dans les niches latérales sont faits en marbre blanc et dorés, ils représentent les saints évêques : "saint Grégoire", "saint Pierre Pascual", "saint Nicolas de Barí", et "saint Tomas de Villa Nueva". Il faut également souligner l'existence du médaillon qui représente le "Linge de sainte Véronique" sur la partie supérieure. Après ce retable,

[4] Style d'ornementation consistant en un chargement exagéré employé par l'architecte et sculpteur baroque de la fin du XVIIe siècle José de Churriguera, qui a eu de nombreux imitateurs dans l'architecture espagnole du XVIIIe siècle.

À gauche :
Retable de la Virgen de la Antigua, de style baroque.

À droite :
Virgen de la Antigua, en style gothique. Elle occupe le centre du retable.

en haut, couronne l'ensemble et de chaque côté, les Archanges saint Raphaël et saint Gabriel.

Des deux côtés de l'autel, sur les murs, protégés sous des arcs, apparaissent les deux portraits des Rois Catholiques en prière, œuvre de Francisco Alonso Argüello.

Chapelles du déambulatoire : la "Girola", également appelée déambulatoire, (parce que c'était un lieu où déambulaient et où étaient logés les pélerins dans les églises romanes), est semi-circulaire et elle a la particularité que, de n'importe quel endroit on peut voir le maître-autel, tant et si bien que tous les fidèles qui y étaient hébergés, pouvaient suivre la messe. Là, se trouve également une importante collection de livres de chants religieux de l'époque des Rois Catholiques et une collection de vitraux réalisés au XVIe siècle. Les autels et les chapelles qui la composent sont : **sainte Lucie (20)**, avec des retables de Gaspar Guerrero, et une sculpture de cette sainte dans le centre ; **Le Christ des peines (21)**, qui reçoit son nom du "Calvaire" qui la préside, oeuvre du XVIe siècle, **sainte Thérèse (22)**, avec un retable de Gaspar Guerrero, dédié à sainte Thérèse, dont la scupture occupe le centre ; **saint Blas (23)**, où apparaît une sculpture de ce saint, apparemment de l'atelier d'Alonso de Mena ; **San Cecilio (24)**, dédiée au patron de Grenade *San Cecilio*, de style néo-classique, avec trois retables en marbre blanc ; **saint Sébastien (25)**, qui donne le nom au tableau du martyre de ce saint, de Juan de Sevilla ; **sainte Anne (26)**, dont l'élément le plus significatif est une sculpture de "sainte Anne, la Vierge à l'Enfant", œuvre de Diego Pesquera, avec des tableaux représentatifs de la vie de la Vierge peints par Pedro de Raxís. La cavité juste après cette dernière chapelle, qui conclut notre parcours, est la **Porte de l'Ecce Homo (27)**.

La Chapelle Royale

Les Rois Catholiques ordonnèrent la construction d'une chapelle à Grenade pour qu'y soient ensevelis leurs restes mortuaires. Encore une preuve d'amour pour cette ville et l'importance qu'elle aura plus tard.

Les Rois Catholiques, Ferdinand II d'Aragon et Isabelle Ier de Castille, donnèrent l'ordre de construire une Chapelle sous le vocable de saint Jean-Baptiste et saint Jean l'Evangéliste à côté du Chœur de la Cathédrale de Grenade pour qu'y soient ensevelis leurs restes mortuaires par Ordonnance Royale datée du 13 septembre 1504. Cependant, la Reine Isabelle mourut cette même année à Medina del Campo ; le Roi Ferdinand continua donc la direction du projet jusqu'à sa mort en 1516.

La première partie des travaux, celle de la construction de l'édifice de style gothique (1505-1517), fut réalisée presque entièrement par le Roi Ferdinand. Après la mort du roi, le petit-fils des Rois Catholiques, Charles Ier (1517-1556), plus connu sous le nom de Charles Quint, prit les rênes de l'achèvement de la chapelle. Quand les rois moururent, la chapelle n'était pas encore terminée, les corps furent donc inhumés dans ce qui est aujourd'hui le *Parador de San Francisco*, à l'Alhambra, où est encore conservée la stèle avec l'inscription de l'enterrement et du transfert postérieur des corps en 1521.

Charles Quint acheva donc les travaux, le revêtement et l'ennoblissement, déjà en style Renaissance, même si au début cet édifice, dans sa simplicité et austérité, ne lui plaisait pas pour enterrer ses grands-parents - il en arriva même à affirmer que cela ressemblait plus à un tombeau de marchands -. Cependant, il respecta la volonté de ses grands-parents, tant et si bien qu'il fit venir les restes de son épouse (l'Impératrice Isabelle), ceux de son père (le roi Philippe Ier le Beau) et autres membres de la famille Royale.

Pendant le règne de Philippe II, il y eut des pressions pour que la Chapelle Royale fût annexée à la Cathédrale et que les restes des rois y fussent transférés. Le roi ne voulait rien changer. Et il maintint la protection de la Chapelle, même si pendant son règne celle-ci perdit de son importance.

Page précédente :
Extérieur de la Chapelle Royale.

En haut :
Détail d'une des crêtes de la façade extérieure.

À partir de là, les rois espagnols seront enterrés au Monastère de l'Escorial. Philippe II fera transférer à l'Escorial, les restes de sa mère, frères et épouse qui reposaient dans la Chapelle, mais ceux de sa grand-mère, la reine Jeanne "la Folle" seront transportés dans la Chapelle Royale.

Mais pourquoi les Rois Catholiques choisirent-ils d'établir leur tombe à Grenade et non pas dans leur ville natale ou dans les cathédrales de Tolède, Burgos ou Léon ? Il est indiscutable qu'en prenant Grenade aux Musulmans le 2 janvier 1492, les rois avaient terminé la Reconquête. Ils voulaient ainsi agrandir et choyer Grenade pour montrer la victoire du Christianisme sur l'Islam. Alors, en y entreprenant de grandes

En haut à droite :
Vue d'ensemble de la Chapelle Royale, dans la rue Oficios avec les halles des marchands au fond.

En bas à gauche :
Partie de la façade extérieure et frontispice de la Chapelle Royale.

constructions qui anobliraient la ville, ils consolideraient son importance pour l'avenir. N'étaient-ce pas des raisons suffisantes pour y faire un panthéon royal ?

LA FAÇADE EXTÉRIEURE

Sur la façade, on peut clairement distinguer la partie supérieure de la partie inférieure. La partie supérieure de style Renaissance est plus ancienne. Elle fut réalisée en 1527 par Juan García de Pradas. Apparaissent trois niches : la Vierge et l'enfant au centre, les deux Jeans (Baptiste et l'Evangéliste) sur les côtés ; au-dessous, l'écu impérial avec l'aigle à deux têtes. La partie inférieure n'est pas d'origine, elle fut refaite par Juan de Aranda au XVIIIe siècle. La partie haute de ses murs est celle qui attire le plus l'attention, de style gothique "flamboyant", avec des "crêtes" qui nous rappellent les flammes d'où le nom "flamboyant" (du latin "flammiger", qui jette ou envoie des flammes). Sous les crêtes, il y a des fenêtres ogivales et sous le deuxième corps de crêtes, il y a une frise parcourant toute la façade avec les initiales F-Y qui sont celles de *Fernando* et *Ysabel*. Sous la frise, des gargouilles attirent notre attention. Sur la seule fenêtre de la façade, on trouve l'écu armorié des rois avec les symboles qu'ils adoptèrent pendant leur règne : le joug et les flèches. "Le joug" représente l'égalité du roi et de la reine, comme deux bœufs qui tirent ensemble le char. "Les flèches", entrecroisées, symbolisent l'union entre les différents royaumes d'Espagne.

A gauche de la façade de la chapelle et formant angle droit avec celle-ci, se trouve la ***Lonja de los Mercaderes*** (entrepôt pour le marché) construite à partir de 1518 en style gothique. C'est un espace adossé à l'église mais indépendant de celle-ci qui fut construit pour l'usage des commerçants de la ville. La façade de cet édifice, de style plateresque, est également l'œuvre de Pradas. Là, se trouvent les guichets pour acheter les billets d'entrée au monument.

Les Rois Catholiques, artisans de l'unité des royaumes d'Espagne

En haut :
Sculptures d'Isabelle de Castille et de Ferdinand II d'Aragon en prière, oeuvre de Bigarny.

Avant l'arrivée au trône d'Isabelle et de Ferdinand, le territoire qui aujourd'hui constitue l'Espagne était divisé en quatre royaumes indépendants : *la Castille, l'Aragon, la Navarre* et *Grenade*. Les royaumes de la Couronne de Castille et de la Couronne d'Aragon occupaient à eux deux presque quatre-vingts pour cent du territoire. Le royaume de Navarre était le plus petit et le moins peuplé de tous et le royaume de Grenade fut le dernier territoire de la péninsule au pouvoir des Musulmans et donc le plus convoité.

Isabelle de Castille et Ferdinand d'Aragon menèrent à bien non seulement l'unification de l'Espagne sous la domination d'une seule monarchie régnante, mais étendirent aussi leurs domaines en dehors des frontières, grâce à leur politique diplomatique et matrimoniale (ils marièrent leurs enfants avec les héritiers au trône des principales Maisons Royales d'Europe), et grâce à des victoires militaires. Par ailleurs, pendant leur règne et sous leur drapeau fut découverte l'Amérique avec l'incorporation à la couronne d'Espagne de tous les territoires où Christophe Colomb débarquait.

Deux événements décisifs pour la réussite de l'unité des royaumes d'Espagne et de sa naissance comme Etat moderne, marquèrent la vie et l'action politique d'Isabelle et de Ferdinand : *leur mariage et la Conquête du Royaume de Grenade.*

LE MARIAGE D'ISABELLE ET DE FERDINAND ET L'UNION DE LEUR COURONNE RESPECTIVE (CASTILLE ET ARAGON)

Jusqu'en 1469, date à laquelle fut célébré leur mariage, Isabelle et Ferdinand durent surmonter un nombre infini de difficultés, non exemptes d'une histoire romantique voire romanesque. Pour commencer, ils étaient cousins issus de germains, ils devaient donc obtenir une bulle pontificale pour pouvoir se marier. Par ailleurs, Isabelle avait plusieurs prétendants, beaucoup plus importants que Ferdinand aux yeux des nobles castillans : Alphonse V roi de Portugal ; le duc de Guyane, frère du Roi de France et le duc de Gloucester, frère du Roi d'Angleterre, sans compter les prétendants espagnols. Enfin, Ferdinand n'était pas aimé de la noblesse castillane puisque rejeté par le frère d'Isabelle, Henri IV "l'Impuissant", alors Roi de Castille et, par le tout-puissant Marquis de Villena.

Que faire face à ces problèmes de taille ? Ferdinand comptait sur l'aide de son père, Jean II d'Aragon et de son grand-père maternel don Fadrique Enriquez, amiral de Castille. Par ailleurs, il attira à lui le terrible archevêque de Tolède, don Alonso Carrillo, qui sera finalement l'artisan de son mariage. Pour l'heure, Jean II d'Aragon, pour mettre plus en valeur son fils aux yeux d'Isabelle et des nobles de Castille, le nomma Roi de Sicile, titre avec lequel il se mariera.

L'opposition à Ferdinand était telle que le Marquis de Villena essaya même de sé-

monographie

questrer Isabelle pour la marier à Alphonse V et en même temps d'empêcher militairement l'entrée de Ferdinand en Castille où il allait connaître Isabelle avec qui il correspondait déjà. Devant une opposition si forte, Ferdinand usa d'ingéniosité et entra en Castille déguisé en "valet d'écurie" et sans plus d'escorte que quatre amis. C'est ainsi que les deux jeunes gens purent enfin se rencontrer et amoureux l'un de l'autre, ils se promirent en mariage.

Il restait à résoudre le problème de parenté, une "bulle" était donc nécessaire. Ferdinand luimême et son père Jean II, complotèrent avec l'Archevêque Alonso Carrillo pour faire une fausse "bulle", dispense qui permit la célébration du mariage, le 19 décembre 1469. La bulle authentique fut délivrée par le Pape Sixte IV en 1471, deux ans après le mariage. Avec cette union, la Couronne de Castille et la Couronne d'Aragon formaient un seul royaume dont l'étendue occupait la majeure partie de ce qui est aujourd'hui l'Espagne. Cependant, il manquait encore le petit Royaume de Navarre et le plus convoité de tous : le Royaume Nasride de Grenade.

LA CONQUÊTE DU ROYAUME NASRIDE DE GRENADE (1481-1492)

Isabelle et Ferdinand, malgré la vie politique et militaire trépidante qu'ils menaient, ne détournèrent jamais leur pensée de Grenade. Une fois résolus les fronts hostiles de leur politique internationale, ils se tournèrent de nouveau vers Grenade. Pour initier la guerre, ils firent valoir comme excuse le fait que le roi de Grenade, Muley Hacen, avait refusé de payer les 150 000 maravédis convenus comme tribut et que celui-ci avait commencé les hostilités en prenant par surprise la ville de Zahara (Cadix) en 1481. Les astucieux rois castillans surent aussi profiter des luttes de pouvoir et des intrigues qui existaient au sein de la cour de Grenade entre Muley Hacen, son fils (Boabdil) et son frère (el Zagal).

En réponse à l'affront de Muley Hacen, les Rois Catholiques initièrent une première offensive en prenant en 1482 Alhama à la frontière du royaume de Grenade. Durant la bataille de Lucena, ils firent de Boabdil leur prisonnier et plus tard, ils le libérèrent à condition qu'il se proclamât vassal et allié de la Castille. Puis les villes les plus importantes du royaume tomberont : Ronda (1485), Loja (1486), Vélez Malaga et Malaga (1487), et entre 1488 et 1489, les villes de Huéscar, Vélez Blanco, Vélez Rubio, Baza, Guadix et Almería.

Après ces conquêtes, Grenade resta pratiquement isolée et, en 1491, les Rois Catholiques demandèrent à Boabdil, qui était alors celui qui occupait le trône, de leur livrer la ville. Comme il refusa, les Chrétiens commencèrent le siège. Ils établirent leur campement dans la *vega*, plaine de Grenade, mais un incendie provoqué dans la tente de la reine le détruisit complètement. Les Rois construisirent alors un deuxième campement, en pierre cette fois, qu'ils nommèrent "Santa Fe". Aujourd'hui c'est une petite ville près de Grenade, où l'on peut voir les restes de ce que fut ce campement royal. Là, eut lieu le premier entretien de Christophe Colomb avec les Rois et là, furent signées les "*Capitulaciones*", en vertu desquelles, les rois finançaient le voyage du navigateur au Nouveau Monde étendant les limites de la Castille "au-delà des mers".

Face au siège et à l'étranglement auquel il fut soumis, Boabdil finit par accepter la reddition de la ville, le 2 janvier 1492. Les conditions accordées à Boabdil lui permettaient de régner sur un petit territoire des Alpujarras, s'il le désirait. On accorda à ses sujets le droit d'être jugés selon leurs lois et de conserver l'usage de leur langue, leur manière de vivre, leurs biens et coutumes. Quelques années plus tard, les Rois adoptèrent une attitude moins modérée : ou ils se convertissaient à la foi catholique ou ils seraient expulsés ! Dès le début, Boabdil décida de partir en Afrique. Il sortit à la rencontre des Rois Catholiques et de leur suite qui l'attendaient au bord de la rivière *El Genil* et leur donna les clés de la ville.

Isabelle de Castille et Ferdinand d'Aragon étaient parvenus à étendre leur pouvoir souverain sur presque tous les royaumes d'Espagne, en effet, il ne manquait plus que la Navarre qui fut annexée en 1512. Avec la conquête du Royaume nasride, ils réalisèrent leur rêve le plus cher et c'est peut-être pour cela qu'aujourd'hui, leurs corps reposent pour toujours dans "La Chapelle Royale de Grenade".

monographie

NEF CENTRALE, CHAPELLES, GRANDE GRILLE ET TRANSEPT

En haut :
Extrémité de la Grande Grille, avec des scènes représentant la vie de Jésus.

L'intérieur de la Chapelle est de style gothique tardif *(isabelino)* avec une voûte nervée, rosaces dorées et chapiteaux faits en filigrane. Le plan est d'une seule nef en croix latine. Une énorme grille sépare la nef du transept. La porte de derrière communique avec le *Sagrario,* elle est de style "plateresque", nom provenant de la manière de travailler l'argent qu'utilisaient les orfèvres du XVIe siècle en Espagne et qui s'applique maintenant à la taille de la pierre dans l'ornementation architectonique.

Sur la partie supérieure et autour de la chapelle, on trouve une frise bleu ciel avec des lettres gothiques en or évoquant l'histoire de la fondation et l'achèvement de la chapelle. Ainsi donc, on y trouve des faits historiques, les conquêtes des Rois Catholiques et les dates de leur décès. Sous cette frise, on peut admirer l'écu armorié des Rois.

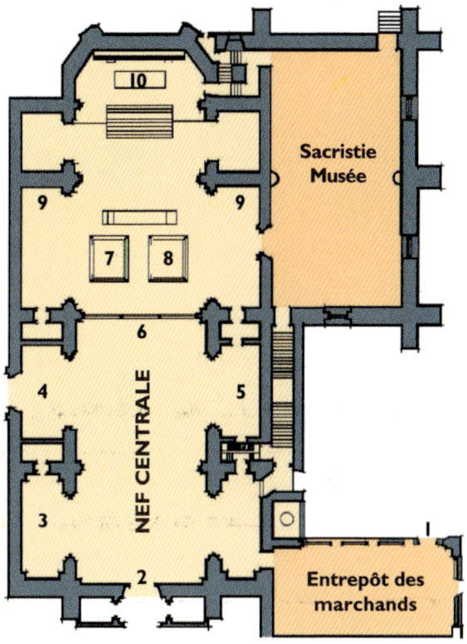

1.- Entrée. 2.- Porte du Sagrario. 3.- Chapelle de San Ildefonso. 4.- Porte de la Cathédrale . 5.- Porte de la Sainte Croix. 6.- Grande grille. 7.- Sépulcres du Roi Philippe et de la Reine Jeanne. 8.- Sepulcres des Rois Catholiques. 9.- Autels Reliquaires. 10.- Cheur et grand retable.

De chaque côté de la nef, se trouvent deux chapelles fermées par de belles grilles portant le blason impérial. Celle de gauche, sous le chœur, est la Chapelle de **Saint-Ildefonse**. Sa grille pourrait être de Bartolomé de Jaén. On y remarque un retable plateresque du XVIe siècle, deux reliefs représentant "la creación de Eva" et "la exaltación de la Santa Cruz" œuvre de Baltazar de Arce et un buste de l'Ecce Homo œuvre de Bernardo de Mora. La chapelle de droite, près de la croisée de transept, est la **Chapelle de la Sainte Croix**. La grille est d'un auteur anonyme. Le retable, réalisé par Blas Moreno en 1752, est baroque. Les deux bustes sur l'autel : une "dolorosa" et un "Ecce homo" sont de José Risueño. La "Vierge Immaculée" du centre est une copie de l'Immaculée d'Alonso Cano. Face à cette chapelle, de l'autre côté de la nef, se trouve la **Porte de la Cathédrale** avec deux belles sculptures de chaque côté : un "San Juan de Capistrano" œuvre de José de Mora et une "Santa Parentela" (la Vierge, ses parents, saint Joseph et l'enfant) œuvre de Bernabé de Gaviria.

Au centre et séparant la nef de la croisée de transept, se trouve la **grande grille** de la Chapelle, oeuvre de Bartolomé de Jaén. Elle est en fer forgé avec des plaques en fer repoussées, dorées au feu et peintes, exactement identique des deux côtés, excepté un motif relatif au "Triptyque de Golgotha" qui a une face et un envers. Comme s'il s'agissait d'un retable, elle a trois corps terminés par un attique avec des personnages représentés par des petites sculptures et motifs végétaux. Le motif principal de la grille, est le blason des Rois Catholiques avec le joug et les flèches et le nœud gordien de chaque côté. Sur les colonnes du deuxième et troisième corps, en chapiteaux corinthiens, se trouve un apostolat complet.

La grille se termine par un attique avec des scènes de la passion du Christ au centre, le baptême de Jésus par Jean-Baptiste et la décapitation de ce dernier à gauche, le martyre de saint Jean l'Evangéliste à droite. Sur ces personnages, il y a des motifs végétaux et couronnant l'ensemble un triptyque de la crucifixion de Jésus. Sur le côté gauche du premier chapiteau, il y a une singulière inscription en latin : "maestre Bartolome me fecit" (le maître Bartolomé m'a fait).

Après avoir franchi la grille, à l'intérieur de la croisée de transept, on trouve les sépulcres des Rois Catholiques et des rois Philippe et Jeanne, la porte de la sacristie et le retable du chœur. Nous y ferons allusion plus tard, avant, nous devons décrire les deux autels baroques de chaque côté de la croisée.

Il s'agit d'autels-reliquaires dont les portes renferment les reliques de saints offertes aux Rois Catholiques par les papes, œuvres d'Alonso de Mena (1630). Celui de *gauche* présente, gravés dans ses portes, des reliefs de l'Immaculée Conception, saint Jean-Baptiste, saint Pierre et saint Paul et sur la partie inférieure, les Rois Catholiques, le roi Philippe "le beau" et la reine Jeanne "La folle". Les reliefs qui sont sur celui de droite représentent saint Michel, saint Jacques, saint Philippe et saint Joseph avec l'enfant, puis en bas, l'Empereur Charles Quint et son épouse Isabelle de Portugal, Philippe IV et son épouse Isabelle de Bourbon. De chaque côté et couronnant ces retables, on trouve des Vertus théologales.

Page précédente :
Vue d'ensemble de la nef et de la Grille du Chœur de la Chapelle Royale.

En haut à gauche :
Emblème des Rois Catholiques ; motif central de la Grille.

En haut à droite :
"La Dolorosa" par Risueño dans la chapelle de la Santa Cruz.

En bas :
L'Autel Reliquaire de la partie gauche de la croisée de transept.

LES SÉPULCRES ROYAUX

Avant de passer à la description de ces mausolées royaux, il convient de dire quelques mots sur les personnes qui y reposent. Concernant les Rois Catholiques, il y a une monographie qui leur est consacrée. En ce qui concerne le roi Philippe et la reine Jeanne, parents de l'Empereur Charles Quint, nous n'allons apporter que quelques brefs éléments de leur biographie :

Philippe Ier le Beau (1478-1506), Archiduc d'Autriche, était le fils de l'Empereur Maximilien Ier d'Autriche et de Marie de Bourgogne. Il devint le roi consort d'Espagne par son mariage avec Jeanne la Folle, fille des Rois Catholiques.

Jeanne la Folle (1479-1555) était la deuxième fille des Rois Catholiques, reine de Castille et d'Aragon. Elle tenait son surnom de la tradition qui dit qu'elle perdit la raison à la mort de son mari dont elle était profondément amoureuse. Son amour était tel qu'elle se promena avec le cortège funèbre dans toute la Castille espérant que Philippe se réveillerait. En 1509, elle fut recluse à Tordesillas (Valladolid) où elle demeura jusqu'à sa mort.

Le sépulcre des Rois Catholiques : c'est le plus bas des deux, celui de droite quand on entre. Le florentin Domenico Alexandro Fancelli le réalisa, ainsi que le sépulcre de Don Diego Hurtado de Mendoza, archevêque de Séville.

Le comte de Tendilla s'entretint avec Fancelli et le chargea de réaliser le sépulcre. Il le fit à Gênes et l'acheva en 1517. Il est fait en marbre de Carrare. De forme quadrangulaire, il rappelle de par sa forme le sépulcre du Pape Sixte IV, de Pollaiolo. À droite, se trouve le roi Ferdinand et à gauche la reine Isabelle, dont la tête repose un peu plus bas sur l'oreiller. À ce propos la légende populaire dit que la

En bas :
Vue d'ensemble des sépulcres avec la Grille au fond.

reine était plus intelligente que le roi, et ce serait la raison pour laquelle sa tête est plus lourde sur l'oreiller. Nous devons faire honneur à la vérité et rappeler que le roi fut peut-être le gouverneur le plus intelligent et le plus habile de son époque qui servit de modèle à Machiavel pour écrire son livre "Le Prince".

Le sépulcre est décoré avec les statues des quatre premiers saints Pères, ou Docteurs de l'Église, dans les coins supérieurs (saint Ambroise, saint Augustin, saint Grégoire et saint Jérôme). Au centre et sur les côtés figure l'emblème des rois, à leurs pieds, un lion et une lionne (symboles de la royauté et de l'égalité), et une tablette écrite en latin qui nous dit : "Ici reposent les rois qui expulsèrent mahométans, infidèles, etc." Sur la partie inférieure, on peut voir des médaillons avec des scènes de la vie de Jésus, saint Georges, saint Jacques et des sculptures en relief des douze apôtres. Dans les coins de la partie inférieure, se trouvent des figures avec une tête d'aigle et un corps de lion (griffons).

Le sépulcre de doña Juana et de Don Felipe est le plus haut à gauche quand on entre. Il fut réalisé par Bartolomé Ordoñez, originaire de Burgos mais qui travailla à Naples ; il est d'un style plus élaboré que le précédent. Il fut commandé en 1519. Dans les coins de la partie supérieure, on trouve les personnages de saint Jean l'Évangéliste et saint Michel, saint Jean Baptiste et saint André. Sur les parties latérales et au chevet, se trouvent les blasons aux armes de l'Espagne et de l'Autriche. Aux pieds, se trouvent le lion et la lionne. Sur la partie inférieure, on peut voir des médaillons avec des scènes de la vie du Christ et les représentations des Vertus. Dans les coins inférieurs, on voit des statues symboliques, mi-humaines (haut du corps), mi-animales (bas du corps).

Contournant ce sépulcre, nous descendons dans **la crypte**, où reposent les corps dans des cercueils en

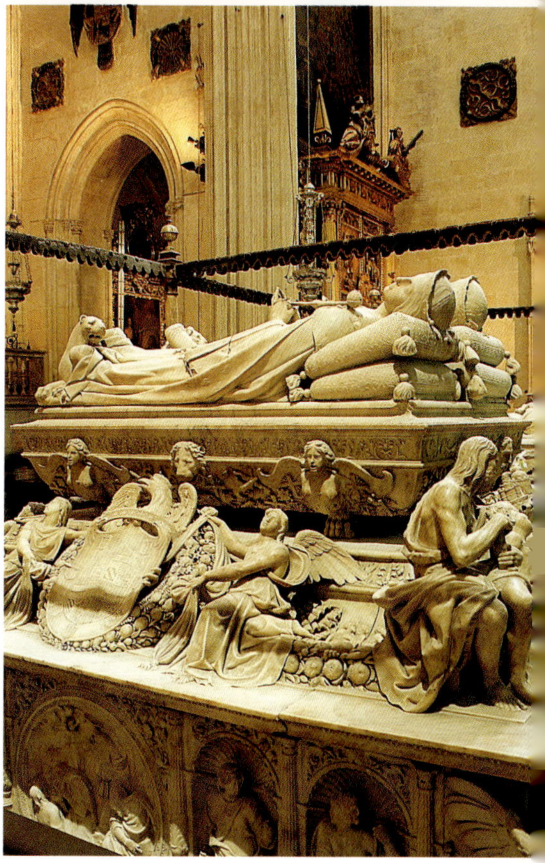

De gauche à droite :
1.- Saint André ; au fond, sépulcre d'Isabelle et de Ferdinand.
2.- Saint Grégoire.
3.- Saint Jean l'Evangéliste.
4.- Sépulcre de don Felipe et doña Juana.

De gauche à droite :
1- Satyre et enfant. 2- Saint Michel. 3- Le Roi Ferdinand. 4- Ange portant un des blasons. 5- Figure mythologique.

plomb, au centre les Rois Catholiques, sur un côté don Felipe et doña Juana, et de l'autre l'infant Miguel du Portugal (fils du roi don Manuel du Portugal et de doña Isabel, princesse des Asturies, fille ainée des rois Catholiques) qui mourut à Grenade à l'âge de deux ans.

LE GRAND RETABLE

En haut :
Scène de la "Passion du Christ", sur le troisième corps du retable.

En bas :
Retable du Chœur de la Chapelle Royale.

Élevé sur un perron avec une rampe en marbre de Macael, qui le rehausse en le faisant paraître plus haut qu'il ne l'est, le grand retable est de Philippe de Bigarny, artiste français, originaire de Bourgogne et un des précurseurs de la Renaissance en Espagne. Il le réalisa entre 1520 et 1522 en bois polychromé, style plateresque.

Ici prend fin le miniaturisme classique du retable espagnol qui domina jusqu'au XVIe siècle. Les statues sont de taille naturelle, dû à l'influence de l'essor de la représentation de l'homme à la Renaissance. Il n'y a pas de doute non plus sur l'influence de l'œuvre de Michel-Ange dans cet ensemble et d'Alonso de Berruguete qui était alors à Grenade et aurait bien pu travailler sur cette œuvre.

La partie inférieure se trouve couverte de bas-reliefs qui représentent les scènes de la conquête de Grenade, du départ de Boabdil et du baptême des Arabes après la conquête.

Sur le premier corps on trouve des figures représentant le baptême de Jésus, l'Adoration des Rois et saint Jean l'Évangéliste à Patmos.

Le second corps est dédié entièrement aux saints patrons de cette église. Les deux Jeans (l'Evangéliste et Baptiste) se trouvent au centre ; à gauche, la décapitation de Baptiste demandée par Salomé, qui soutient le plateau ; à droite, la scène du martyre de l'Evangéliste, dans un chaudron d'eau bouillante sous le règne de Domiciano duquel il sortit miraculeusement vivant.

Le troisième corps est constitué de scènes de la passion et de la mort du Christ. On distingue surtout le grand crucifié qui occupe le centre, c'est l'axe principal et il préside tout l'ensemble. Dans l'attique, couronnant l'ensemble, se trouve le personnage de Dieu le Père et la

colombe, symbole du Saint Esprit (le Fils crucifié, le Saint Esprit et Dieu le Père représentent le mystère de la Sainte Trinité). Sur la corniche de ce troisième corps et de chaque côté, on peut voir la Vierge Marie et saint Gabriel qui représentent le mystère de l'Incarnation.

Dans les couloirs des extrémités des niches, on trouve les personnages des Apôtres et Docteurs de l'Église. Tout l'ensemble, blanc et doré, est décoré de guirlandes, grappes, angelots et grenades annonçant le style à venir : le Baroque espagnol.

Le Sagrario (tabernacle) est une œuvre moderne du grand sculpteur grenadin Domingo Sánchez Mesa. En bas, de chaque côté les statues des Rois Catholiques en prière, œuvre de Diego de Siloé.

Sur toute la page :
Bas reliefs de la partie inférieure de l'Autel avec des scènes du baptême de Maures, la conquête de Grenade et le départ de Boabdil.

À gauche :
Vue d'ensemble de la Sacristie.
Elle comporte deux parties ;
la première pour les pièces d'orfèvrerie
et les toiles ; la seconde pour l'importante
collection de peintures de la Reine Isabelle.

En bas :
Le Sceptre de la Reine Isabelle
et épée de cérémonie du Roi Ferdinand.
La Couronne de la Reine Isabelle.
Le Coffre à bijoux de la Reine Isabelle, en
argent doré et avec des motifs gothiques.

LA SACRISTIE-MUSÉE :

Le portail en style gothique qui y donne accès ainsi que l'Annonciation qui se trouve dessus sont l'œuvre de Jacobo Florentino. Il s'agit d'une grande salle divisée en deux espaces ; dans le premier, nous trouvons des pièces d'orfèvrerie et des étoffes ; dans le deuxième se trouve d'importantes collections de tableaux de la Chapelle, appartenant à la Reine Isabelle.

Les pièces d'orfèvrerie sont en majorité des objets personnels des Rois, comme le légendaire coffre à bijoux de la Reine Isabelle en argent doré avec des dessins gothiques et le missel de la Reine dans son étui d'argent. Dans une urne, au centre, on trouve le sceptre de la Reine, sa couronne et l'épée de cérémonie du Roi Ferdinand. Il y a également beaucoup d'ustensiles religieux comme une croix de l'autel, des patènes, des calices et un ostensoir, fait avec ce qui fut un miroir de la Reine Isabelle.

Parmi les étoffes il y a des parements d'autel, une chasuble complète connue sous le nom de *"el Chapao"* (ou du Roi Catholique), et un ensemble complet de chasubles noires qui furent celles qui accompagnèrent l'épouse de Charles Quint pendant son voyage de Tolède à Grenade pour être enterrée dans la Chapelle Royale. Il y a également les bannières et les croix de procession que portèrent les troupes chrétiennes pour rentrer dans Grenade en 1492.

La seconde partie de la salle est dédiée à l'importante **collection de peinture**. La Reine Isabelle la Catholique écrivit dans son testament qu'à sa mort serait transportée sa collection de tableaux à Grenade pour décorer la Chapelle qu'elle fit construire pour son enterrement. Ces tablettes (il s'agit de tableaux peints sur bois) sont le grand trésor de la Sacristie et constituent une collection unique en Europe, de par leur variété et leur extraordinaire valeur historique, artistique et sentimentale.

L'œuvre la plus importante qui se trouve ici est un retable, "Triptyque de la Passion". Le retable est de Jacobo Florentino, et les peintures centrales (Crucifixion, Descente et Résurrection) sont de Dierik Bouts. Les autres peintures qui le composent, en haut et en bas, sont de Jacobo Florentino et de Pedro Machuca. De chaque côté du retable, on trouve des statues de Ferdinand et Isabelle en prière, c'est une œuvre de Bigarny.

La plupart des œuvres appartiennent à l'école Flamande et parmi celles-ci on soulignera deux tableaux de Rogier Van der Weyden (1400-1494), "La Nativité" et "La Piété", qui font partie d'un triptyque. Le troisième tableau de ce triptyque, "Apparition du Christ à sa mère", se trouve au Metropolitan Museum de New York.

En haut :
"Saint Jean Baptiste". Auteur : Jan Prouost.

"Vierge à l'Enfant assise et accompagnée par les quatre anges". Auteur : Dierik Bouts.

À gauche : *retable du "Triptyque de la Passion"qui préside la collection de peintures de cette sacristie.*
Les statues des rois en prière, sont l'œuvre de Bigarny.

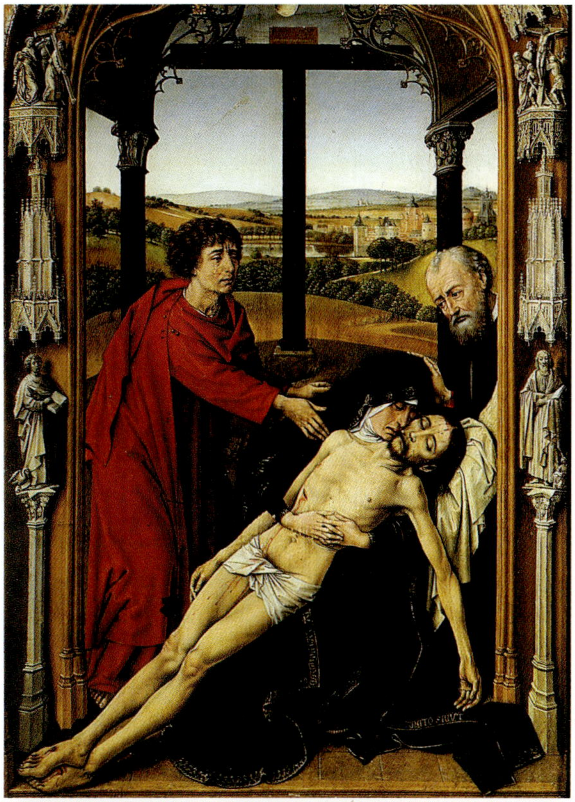

En haut :
"Buste du Christ". Auteur anonyme.

À droite (en haut et en bas) :
"La Nativité" et "La Piété". Les deux peintures font parties du "Triptyque de la Vierge", de Rogier Van der Weyden. Le troisième tableau de ce triptyque, "Apparition du Christ à sa mère", se trouve au Metropolitan Museum.

Un autre grand artiste de cette école, ici présent, est l'allemand Hans Menling (1430-1494), avec le diptyque "la Descente de la Croix" et "les Pleurs des saintes Femmes" ; sont aussi de cet auteur "la Vierge et l'Enfant sur le trône" et "la Vierge avec le Christ de la Piété":

Dieric Bouts (1410-1475), hollandais et disciple de Van der Weyden a également réalisé, en plus du grand retable "Triptyque de la Passion" déjà mentionné et qui préside la salle, le tableau "Vierge à l'Enfant assise et accompagnée des quatre Anges". On y voit aussi un autre tableau "Buste du Christ", habituellement attribué à Dieric Bouts, considéré par d'autres chercheurs comme étant celui d'un auteur anonyme, disciple de celui-ci.

Il y a également de nombreux tableaux d'auteurs anomymes, contemporains des ar-

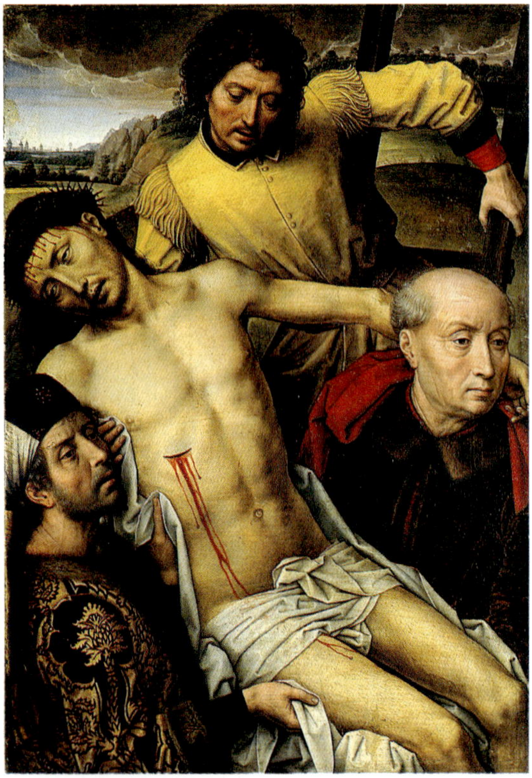

En haut :
"Vierge à l'Enfant sur le trône" de Hans Menling.

À gauche (en haut et en bas) :
"Descente de la Croix" et "Pleurs des Saintes Femmes", œuvre de Hans Memling.

tistes cités ; "saint Jean Baptiste", "saint Michel", "saint Jérome Pénitent", "Vierge à l'Enfant et deux Anges". Remarquons néanmoins "l'Annonciation" attribuée à Antonio Alemán.

De l'école italienne, il faut souligner Pietro Perugino (1445-1523), maître de Raphaël, avec son "Ecce Homo"; et Sandro Botticelli (1444-1510) avec son "Oración del Huerto".

L'école espagnole est représentée par Pedro Berruguete avec "saint Jean l'Évangéliste à Patmos" et Bartolomé Bermejo avec de chaque côté de la tablette : *"Epifanía"* et *"Santa Faz"*. Ce tableau était très aimé de la Reine Isabelle, qui l'emmenait partout avec elle.

Certaines peintures, ainsi que l'Archive, où se conservent près de cent quarante manuscrits de la bibliothèque de la Reine, bulles et cédules royales, furent spoliées par Philippe II, pour enrichir le "Monastère de l'Escorial" et "les archives de Simancas".

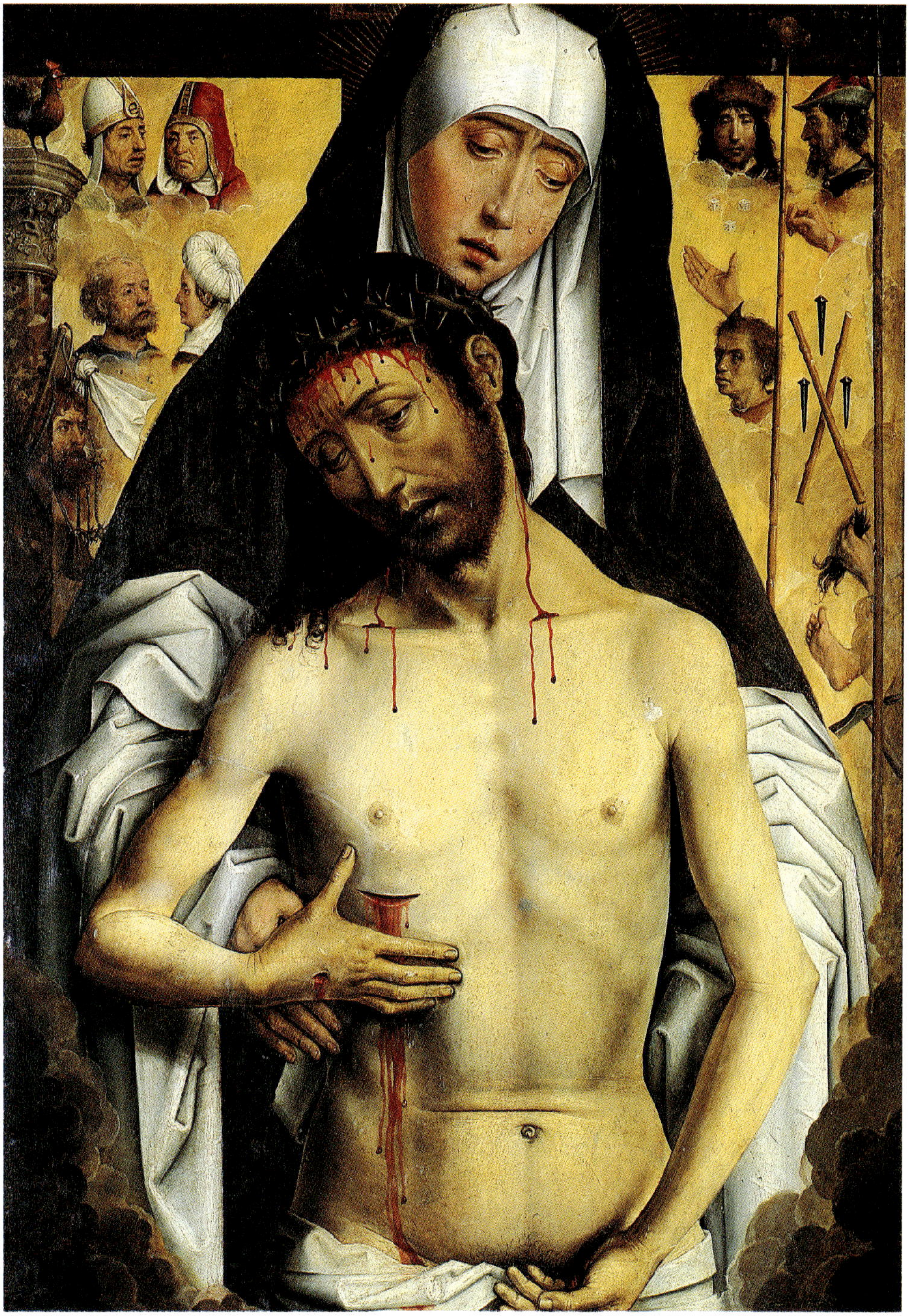

"La Vierge avec le Christ de la Pitié" par Hans Memling.

Autres monuments dignes d'intérêt

Viennent maintenant dans ces pages trois monuments, très près les uns des autres, qui accentuent davantage l'énorme intérêt historique et monumental de cette partie de la ville.

L'Église El Sagrario

Elle est située à l'endroit qu'occupait dans le passé la plus grande Mosquée de Grenade. L'ancienne mosquée fut construite au début du XIe siècle, son aspect était tout d'abord celui d'un édifice simple et pauvre. Elle fut postérieurement réformée et enrichie dans sa décoration et matériaux, et devint un des édifices les plus riches et les plus emblématiques de la Grenade musulmane. Elle mesurait 140 sur 110 mètres, avait une cour avec des orangers et un minaret de treize mètres de haut. Puis, à l'époque chrétienne (en 1501), s'installa dans la Mosquée une paroisse sous le vocable de *Santa María de la O*. En 1704, fut démoli ce qu'il restait de la Mosquée, laquelle par ailleurs, avait subi dans les années passées, des démolitions et des modifications. Les travaux de l'église actuelle commencèrent en 1705, sous la direction de Francisco Hurtado Izquierdo. Ils furent paralysés, dû à un manque de ressources et reprirent en 1717, sous la direction de José de Bada. Le nouveau temple fut ouvert au culte le 29 septembre 1759.

Le grand portail, en marbre de Sierra Elvira, est formé de deux corps, avec des colonnes corinthiennes de chaque côté. Sur le corps supérieur, au dessus de l'arc de la porte, on voit des sculptures de saint Pierre, saint Ibon et saint Jean Nepomuceno, œuvre d'Agustín Vera Moreno.

Le plan en croix grecque est inscrit dans un carré. Une grande coupole centrale, couvre la travée du milieu, circonscrivant la coupole et les travées des quatre espaces latéraux. Peut-être est-ce ce jeu de géométries et de formes qui attire le plus l'attention quand on contemple le plafond de ce temple singulier. Dans les quatre grands pilastres qui soutiennent la coupole, il y a des cavités ouvertes, ornées en style baroque et à l'intérieur, les sculptures des quatre évangélistes, de Vera Moreno. Tout l'intérieur de l'église a la couleur prédominante de la pierre, tant en vogue à l'époque néo-classique.

Le centre du maître-autel est occupé par un tabernacle en marbre de José de Bada. Les petites statues représentent les saints pères et couronnant le tout, la représentation de la Foi. Derrière le tabernacle, au centre de l'abside, il y a un retable baroque avec la

représentation de saint Pierre ; de chaque côté, sur les portes qui communiquent avec la sacristie, on trouve les sculptures en marbre des archanges saint Michel et saint Raphaël. Sur la partie supérieure de l'abside, on trouve un grand tableau de "saint Joseph et l'Enfant" et sur les côtés, les statues en marbre, de saint Joachim et sainte Anne. Toutes ces sculptures en marbre sont de Tomás Valero.

Des chapelles latérales, la plus significative est peut-être, de par son symbolisme historique, celle qui est dédiée, en souvenir de ses exploits, à Hernán Pérez del Pulgar qui, la nuit du 18 décembre 1490 -Grenade étant toujours sous la domination musulmane- s'introduisit dans le cœur de la ville, clouant à l'aide d'une dague, un parchemin sur la porte principale de la Grande Mosquée avec les mots "Ave María" et qui disait que, dès maintenant et en honneur à la Vierge, la Mosquée était prise par la chrétienté. Pérez del Pulgar est enterré dans cette chapelle, aujourd'hui située à l'endroit où se produisit cet événement. La grille, avec le blason de Charles Quint, est de Bartolomé de Jaén (1526).

Page précédente :
Façade de l'église El Sagrario et intérieur de l'église.

En haut :
Détail du plafond de l'église.

Dans cette église sont enterrés d'illustres personnages tels que les infants don Pedro et don Alonso de Grenade, Frère Hernando de Talavera (premier archevêque de la ville), doña Ana de Santosis (première femme de Diego de Siloé) et l'architecte Ambrosio de Vico.

La Madraza ou Ancienne Mairie

Ce qui reste de cette "Madraza" ou Université arabe, construite sous le règne de Yusuf Ier en 1349, est minime et très restauré. On y étudiait la Théologie, le Droit, la Médecine, la Littérature et les Mathématiques. Celle-ci, comme il était habituel dans les universités arabes, avait une grande porte, une cour centrale avec une fontaine en son centre et autour de celle-ci, des cellules pour les étudiants et des salles de classe. L'oratoire était généralement situé au fond de la cour centrale. Selon les chroniques, la Madraza" de Grenade avait une forte tradition ; c'était la plus ancienne de l'Espagne musulmane. Au départ, il était prévu qu'elle soit sur une propriété royale à l'extérieur de Grenade.

Déjà aux temps des Rois Catholiques, furent entreprises de nombreuses modifications. Elles prirent fin avec la démolition de presque tout l'édifice qui sera finalement reconstruit dans sa presque totalité. Aujourd'hui ce que nous pouvons contempler, c'est un édifice du début du XVIIIe siècle, avec des restes de dépendances d'autres époques. Le **Salon des Chevaliers vingt-quatre** (XVIe siècle) avec son magnifique plafond mudéjar et l'Oratoire constituent ce qu'il y a de plus remarquable dans cet édifice. La *façade* mérite également une mention spéciale, avec ses peintures ornementales qui la recouvrent. Celles-ci, avec leur jeu de volumes et de formes, en font une des plus curieuses du baroque grenadin. Depuis la reconstruction de l'édifice en 1729, la mairie de Grenade y siégea jusqu'en 1851, date à laquelle elle fut transférée à son emplacement actuel. C'est pourquoi ce monument est aussi appelé "Ayuntamiento Viejo" (Ancienne Mairie).

En haut à gauche :
Coupole de l'oratoire de la "Madraza"

En haut à droite :
Détail du mihrab, dans l'oratoire.

En bas :
Façade du palais de la "Madraza" ou Ancienne Mairie.

Le seul témoignage de l'art musulman de tout l'ensemble est dans l'*Oratoire*, situé dans la cour de l'entrée. Cependant, elle ne se présente pas non plus sous son caractère original puisque les Chrétiens, en la transformant en chapelle défigurèrent pratiquement tout. Ce que nous voyons aujourd'hui, a été refait presque entièrement en 1893. Cependant, son incontestable beauté et ce qu'elle représente, en font un des lieux qui évoque le mieux le magique passé nasride de cette ville.

Le Corral del Carbón

À l'époque musulmane, dès le début du XIVe siècle, ce lieu était connu comme *Alhóndiga Gidida* (halles à grains). On croit qu'elle avait la double fonction d'entrepôt de marchandises et d'auberge ("*fondak*"), où se logeaient les marchands. Les Musulmans avaient un fort sens de l'hospitalité, quand un étranger ne pouvait se loger dans sa famille ou chez un ami, il allait dans le *fondak*. Après la conquête chrétienne, les Rois Catholiques le cédèrent à un de leurs domestiques, et après sa mort, n'ayant pas d'héritiers, l'édifice fut mis aux enchères. Dès lors, il eut diverses fonctions. Il fut utilisé comme logement par ceux qui faisaient le commerce de charbon, car très près de là on pesait la marchandise, d'où son nom actuel. Puis, il devint un "*Corral de Comedias*" où l'on y présentait des œuvres théâtrales. Au XVIIe siècle, c'était une maison d'habitations, et finalement, en 1933, l'Etat en fit l'acquisition et entreprit sa restauration, car il était très détérioré.

Le plus joli de l'édifice est sa façade, très riche en décoration, avec un grand arc en lancette de fer à cheval, qui donne accès à un petit vestibule à la voûte à mouqarnas puis à la porte d'entrée rectangulaire. Deux fenêtres géminées couronnent l'arc et la porte, apportant mouvement à l'ensemble. À l'intérieur, une grande cour avec une vasque au centre, est entourée d'une galerie à plusieurs niveaux donnant accès à un grand nombre de petites pièces ou chambres.

En haut :
La Façade extérieure du "Corral del Carbón"

En bas :
La Cour intérieure du "Corral del Carbón"

MONASTÈRE DE

La Cartuja ET DE San Jerónimo

MONOGRAPHIES

Plan de la zone

(1) Monastère de la Cartuja
Pag. 178

(2) L'Hospital Real
Pag. 206

(3) Basilique San Juan de Dios
Pag. 208

(4) La Plaza de la Universidad
Pag. 210

(5) Le Monastère San Jerónimo
Pag. 194

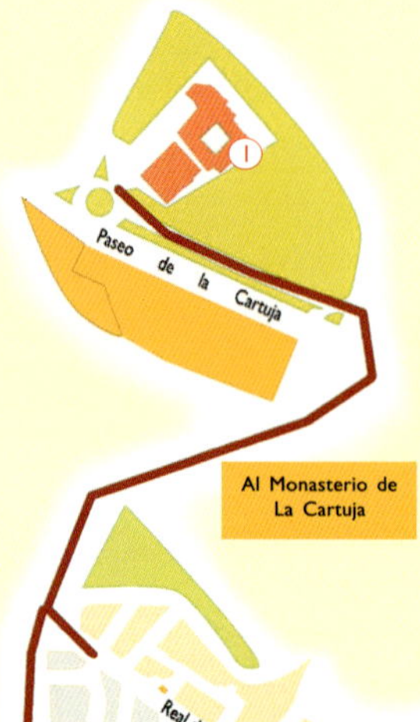

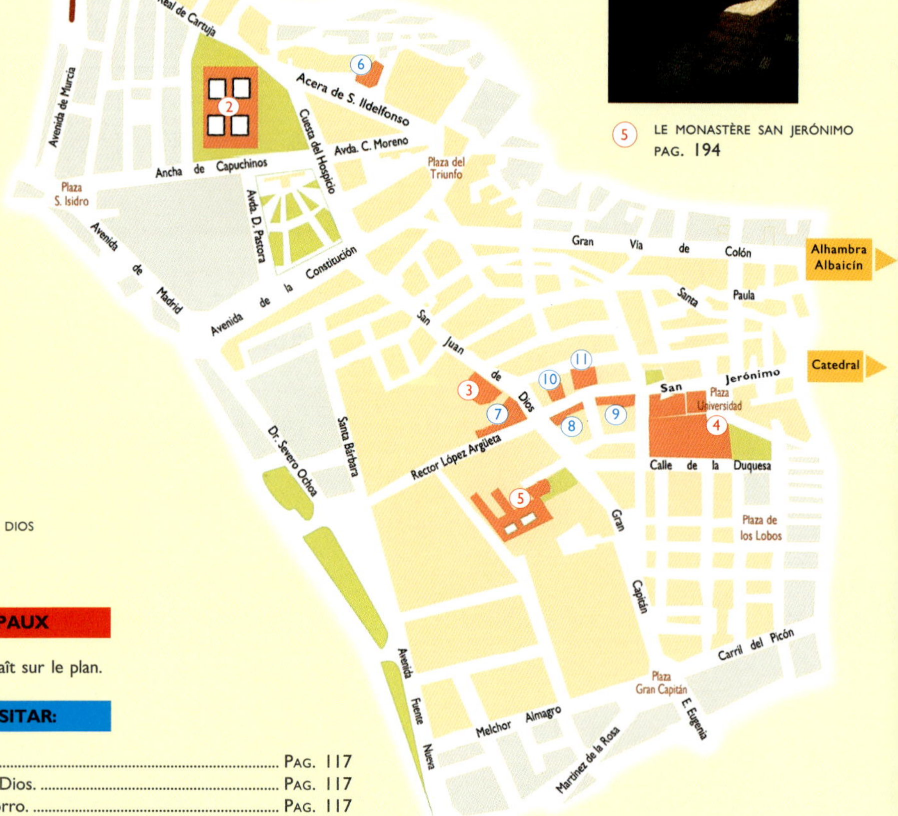

MONUMENTS PRINCIPAUX

Ceux dont la photo apparaît sur le plan.

OTROS LUGARES A VISITAR:

6.- L'église San Ildefonso. .... Pag. 117
7.- L'Hôpital San Juan de Dios. .... Pag. 117
8.- L'église Perpetuo Socorro. .... Pag. 117
9.- Le Colegio Mayor de San Bartolomé y Santiago. .... Pag. 117
10.- Le Conservatoire de musique Victoria Eugenia. .... Pag. 117
11.- Le Colegio Notarial. .... Pag. 117

INFORMATION D'INTÉRÊT:

– Le Monastère la Cartuja (nº 1) et le Monastère San Jerónimo (nº 5) son los deux monuments les plus importants de ce chapitre.

Introduction

et parcours

L'ardent désir de christianiser une ville qui demeura pendant tant de siècles musulmane, fit venir à Grenade les ordres religieux les plus importants de cette époque qui y construisirent leurs couvents et monastères. Ici sont présentés les deux plus importants.

En haut :
Angle près de la place de l'Université, avec la coupole de l'église San Justo y Pastor au fond.

Grenade est une ville pleine d'anciens couvents et monastères ; deux d'entre eux, la ***Cartuja*** et ***San Jerónimo*** sont sans doute les plus remarquables avec quelques églises, lesquelles, de par leur beauté et leur valeur historico-artistique sont exceptionnelles.

Cette "route des monastères" borde le centre de la ville par le nord ouest et, exception faite de la *Cartuja* (Chartreuse), elle passe dans sa majeure partie, très près du quartier de la cathédrale. Le fait que les "chartreuses" s'édifient toujours aux abords des villes nous oblige à sortir du centre de Grenade. Mais, malgré tout, la distance entre les deux monuments les plus éloignés compris dans le plan de ce chapitre, peut se faire à pied en vingt minutes. Il est recommandé de commencer le parcours par le *monastère de la Cartuja*, et de terminer par celui de *San Jerónimo*, à l'autre extrémité.

Dans le cadre de ce même itinéraire, et sous l'intitulé "**autres monuments dignes d'intérêt**", apparaissent également : **l'*Hospital Real*** (Hôpital Royal), construit à la demande des Rois Catholiques comme hôpital pour les malades et les invalides et qui actuellement abrite les services centraux de l'Université de Grenade ; **l'église San Juan de Dios**, du XVIIIe siècle, un des temples les plus somptueux du Baroque espagnol ; l'enclave de la **place de l'Université**, où s'élève **l'église San Justo y Pastor**, du XVIe et XVIIe siècle et l'actuelle **Faculté de Droit**, ancienne Université littéraire, siège de l'Université de 1769 à 1980.

Finalement, s'il reste du temps, il ne faut pas manquer de voir quelques endroits et monuments intéressants de ce quartier, très près les uns des autres : **l'église *San Ildefonso***, près de l'*Hospital Real*, ancienne mosquée construite en dehors de la ville pour répondre aux besoins du quartier le plus éloigné, celui de l'Albaicín. **L'Hôpital *San Juan de Dios***, à côté de l'Église portant le même nom, édifice géré par les moines de l'ordre des hiéronymites du XVIe siècle et plus tard cédé aux frères de cet ordre hospitalier. La cour à la fin du vestibule est magnifique ainsi que les escaliers de style mudéjar. **L'église *El Perpetuo Socorro*** du XVIIe et du XVIIIe siècle, était dédiée à l'origine à saint Philippe Neri. Plus tard, elle fut transformée pour devenir église des Pères Rédemptoristes et prit le nom de *Perpetuo Socorro*. **Le *Colegio Mayor de San Bartolomé y Santiago***, est une fondation universitaire du XVIIe siècle ; en face de celuici, le **Conservatoire de Musique Victoria Eugenia**, ancien petit palais des Marquis de Caicedo, du XVIe siècle ; puis le ***Colegio Notarial*** (Ordre Notarial), ancien palais des Ansoti, du XVIIe siècle. Ces derniers monuments se trouvent dans la rue *San Jerónimo* qui unit la rue *San Juan de Dios* à la place de l'Université.

Le Monastère de
La Cartuja

Peu d'endroits à Grenade ne surprennent autant le visiteur que l'église et la sacristie de ce Monastère.

Page précédente :
Porte du monastère avec l'église au fond.

En haut :
Détail extérieur de l'église.

En bas :
Détail intérieur de la Sacristie.

Il semble curieux que ce Monastère ait été construit dans les environs d'une propriété d'agrément arabe. Ce "carmen" (villa) s'appelait *Aynadamar* ou *Fuente de las lágrimas (Source des Chagrins)*, et elle était d'une telle richesse en eau et en arbres fruitiers, qu'elle surprit les conquérants chrétiens. Le Grand Capitaine lui-même, don Gonzalo Fernández de Córdoba, admira la ville de Grenade pour la première fois depuis cette belle propriété d'*Aynadamar* ; c'est également d'ici qu'il fut attaqué par surprise par un groupe de Maures, il en sortit par miracle sain et sauf. C'est pour cette raison qu'il décida d'y construire "une maison de Dieu consacrée où à toute heure il serait servi et adoré".

Alors que tout ceci se passait, la Communauté de la Chartreuse de Paular avait la ferme intention d'entreprendre la construction d'une nouvelle Chartreuse, dépendante de cette communauté, mais sans en avoir encore défini le lieu. Ce projet finit par être oublié, mais quelques années après, des recherches furent de nouveau entreprises en Galice, Castille et León. Ils avaient même commencé à faire des travaux à Zamora, mais là non plus, les moines ne parvinrent pas à réaliser leur désir de construire un nouveau monastère.

Devant la difficulté de trouver un emplacement définitif, en 1506 le père Juan Padilla, prieur de *la Cartuja* de las *Cuevas de Sevilla* et Visiteur de l'Ordre, s'adressa à don Gonzalo Fernández de Córdoba et à son épouse pour leur exposer sa demande. Le Grand Capitaine non seulement lui proposa de faire construire la Cartuja sur les terres de la propriété d'Aynadamar, mais s'offrit aussi pour prendre à sa charge les travaux, souhaitant être enterré dans ce nouveau monastère. La donation des terres se fit à Loja en 1513. Plusieurs vicissitudes interrompirent les travaux, notamment la mort du Grand Capitaine en 1515. Déjà avant sa mort, celui-ci avait eu quelques désaccords avec les moines, tant et si bien qu'il avait abandonné son idée d'y être

En haut :
Vue extérieure du monastère. Ici, à l'époque nasride, se trouvait une propriété appelée "Aynadamar" ou "Fuente de las lagrimas" (source des pleurs).

enterré. Les travaux reprirent en 1519. En 1545, la Chartreuse de Grenade fut incorporée à l'Ordre, désormais connue sous le nom de *Asunción de Nuestra Señora*, et on nomma prieur le Père Rodrigo de Valdepeñas.

De tout le monastère, il nous reste seulement le *petit cloître, l'église,* le *sanctuaire* et la *sacristie*, étant donné que le reste de l'édifice (le grand cloître, les cellules, les ateliers et le cimetière) disparut dans sa majorité en 1842, du fait de l'invasion des troupes françaises et de la *Desamortización* (expropriation décrétée par l'État en 1837 des biens des ordres religieux, qui restèrent entre les mains de particuliers, dans la plupart des cas). La *Casa Prioral*, qui avait un beau patio et aussi un petit jardin fut détruite en 1943. Aujourd'hui, le monastère n'appartient plus à l'Ordre des Chartreux, mais dépend directement de l'archevêché et du Diocèse de Grenade.

On entre dans le monastère par une petite porte plateresque, que réalisa Juan García de Pradas en 1520. De là, on peut voir un double escalier en pierre, et sur son dernier palier, la façade de l'église ; tout ceci fut réalisé par le tailleur de pierre Cristóbal de Vilchez. De cette façade ressortent deux éléments. Le plus significatif est la porte entre des colonnes de marbre de la Sierra Elvira, et avec sur la partie supérieure, la statue de son fondateur, saint Bruno, oeuvre de Pedro Hermoso. L'autre élément de la façade est l'emblème de l'Espagne pendant l'époque bourbonnienne. Une fois à l'intérieur, la première chose que nous découvrirons sera le Cloître, et ensuite l'Église, le Santa Sanctorum et la Sacristie.

Cependant, avant de parcourir toutes ces salles, il serait peut-être utile de s'arrêter et de lire la monographie qu'il y a dans ces pages, sur saint Bruno, fondateur de l'Ordre, et sur le mode de vie des moines qui occupèrent ces lieux.

Saint Bruno et le mode de vie des Chartreux

L'ordre des Chartreux apparut autour de la personne de saint Bruno, qui naquit à Cologne en 1027. Il étudia à l'école de cathédrale de Reims, devint chancelier et maître de la cathédrale. Étant donné qu'il ne se sentait pas à l'aise dans la ville et suite aux scandales qu'il y vécut, il décida de changer de voie et de se rendre dans la région de Grenoble. Là, son évêque, le futur saint Hugo, lui offrit un lieu dans les Alpes françaises, à 1084 mètres d'altitude, pour y construire, avec six autres compagnons, un "ermitage" (un lieu de retraite où pouvoir élever son âme à Dieu). L'ermitage comprenait un ensemble de cabanes en bois où chacun vivait dans la solitude la plus absolue ; celles-ci étaient ouvertes sur une sorte de galerie, dans laquelle ils vivaient un peu en communauté. Cet endroit se trouvait dans la vallée de la "chartreuse", nom que prendra ensuite l'Ordre.

Six années plus tard, le Pape Urbain II fit appel à Bruno et lui proposa d'être son conseiller ; mais il ne résida que quelques mois à Rome, la vie de la cour pontificale ne le séduisait absolument pas. Il refusa même l'archevêché de Reggio-Calabria que lui offrit le Pape. Devant cette circonstance, le Pape lui-même lui proposa de fonder un autre ermitage dans les bois de Calabre, au sud de l'Italie. Bruno mourut dans ce nouvel ermitage le six octobre 1101. L'ordre des Chartreux naquit officiellement en 1140, durant le priorat de saint Anselme.

En haut :
Petite sculpture de saint Bruno, œuvre de José de Mora. Elle est considérée comme une des plus belles statues du baroque espagnol. Elle est située dans la Sacristie.

Le mode de vie des Chartreux

Le but principal de la vie du Chartreux est la "contemplation", et pour y arriver, ils feront de la solitude la caractéristique la plus importante de leur vie. La communauté était formée de *moines*, qui vivaient dans la solitude la plus stricte, ils ne sortaient de leur cellule que pour des occasions prévues à l'avance, et de *frères lais*, dont la mission était de

monographie

servir la communauté et d´effectuer les tâches routinières, c'est pourquoi ils passaient plus de temps en dehors de leur cellule. Le temps nécessaire pour être ordonné était de dix-neuf ans novice, donateur ou postulant. Plus tard, cette période sera réduite à onze ans, et aujourd'hui à environ sept ans et demi.

Les moines ne sortaient de leur cellule que pour la liturgie quotidienne, le repas du dimanche et lors des rares occasions durant lesquelles ils devaient se réunir pour délibérer et prendre des décisions. Ils passaient la plupart de leur vie dans la cellule ; là, ils priaient, ils mangeaient et faisaient leurs lectures et leurs travaux. Une fois par an, ils sortaient tous pour faire une grande promenade qui durait toute la journée. Lorsque les moines devaient délibérer, ils se réunissaient dans la Salle Capitulaire. Là, on communiquait les décès, et les tâches qui leur étaient confiées, mais sans jamais donner de nom. Quand quelqu'un voulait intégrer l'Ordre, c'était là qu'on débattait de la nécessité ou non d'une nouvelle admission. Un haricot blanc et un noir étaient remis à chaque moine ; on procédait alors au vote, toujours secret et l'on mettait le haricot dans une boîte en bois, blanc si le vote était affirmatif, noir s'il était négatif.

Non loin de la Salle Capitulaire et de l'entrée de l'église, il existait dans tous les ordres des Chartreux ce que l'on appelait la "*tábula*", qui était un grand tableau sur lequel étaient inscrites toutes les directives quant aux enseignements des offices et de la vie en communauté. Le moine lisait les instructions concrètes sur ce tableau, sans ainsi avoir à les demander à quiconque, ce qui d'ailleurs était interdit par leur vœu monastique "de silence".

Les frères lais devaient se charger d'assurer avec leur travail les différents services de la communauté, la cuisine, la menuiserie, le jardinage... En général, chacun avait un travail manuel et c'étaient de grands artisans. Ils se réunissaient dans leur propre Salle Capitulaire. Ils étaient chargés de porter le repas aux moines dans leur cellule, à l'exception des dimanches et fêtes organisées par la communauté, durant lesquelles ils mangeaient dans le réfectoire. Ils ne pouvaient s'adresser à un frère, ni entrer dans sa cellule, c'était interdit. Les moines eux-mêmes se chargeaient de nettoyer leur cellule. Une fois par semaine, ils laissaient leur linge devant la porte pour que les lais le prennent. Les frères lais se laissaient pousser la barbe, ils ne pouvaient la tailler que les jours qui étaient désignés par le calendrier des Chartreux. Leur régime alimentaire était le même que celui des moines, sans aucune distinction.

Les Chartreux ne prenaient qu'un seul repas complet par jour, le soir ils n'avaient qu'un morceau de pain et de l'eau. Le vendredi, ils avaient seulement du pain et de l'eau, et pendant leur carême, qui durait de la mi-septembre au jour de Pâques, ils ne dînaient absolument rien. Il était interdit de manger de la viande durant toute leur vie, même si cela leur avait été prescrit par un médecin. Chaque moine avait droit à un demi litre de vin par jour, moitié eau moitié vin, sauf le vendredi où ils n'avaient qu'un pichet d'eau et un morceau de pain pendant les repas, régime qui passait au lendemain si ce jour était jour de fête. Pendant l'Avent et le Carême, les produits laitiers étaient restreints.

Quand le repas était servi dans le réfectoire (le dimanche et aux occasions spéciales), il y avait un lecteur qui lisait des prières durant le repas et qui mangeait tout seul quand celui-ci était terminé. Il était également chargé de distribuer une moitié de pain à chaque moine qui entrait dans le réfectoire. Personne ne pouvait réclamer quoi que ce soit, mais s'il manquait quelque chose à quelqu'un, il pouvait l'indiquer en faisant un signe. Le Père Général mangeait seul à une table sous la présidence du Grand Crucifix. Les moines et les frères lais mangeaient dans la même pièce, mais séparés par une grille en bois.

En relation à la stricte diète des Chartreux et l'interdiction de manger de la viande, on attribue au Pape Urbain V "le Béat" (1309-1370), une anecdote selon laquelle il voulait modifier cette norme de ne jamais manger de viande, croyant que cela pouvait nuire à la santé des Chartreux. Les moines, craignant ces bons principes papaux qui pourraient affaiblir leur disciple, envoyèrent une délégation à pied, pour protester devant Urbain V. Ladite représentation était formée de vingt-sept moines, dont l'âge allait de 88 à 95 ans. Le Pape abandonna immédiatement cette idée. (Sans commentaires !). Ref. Lockhart Robin Bruce/ "*El camino de la Cartuja*", pag. 119.

monographie

À gauche :
Cloître du monastère

À droite :
Détail de la fontaine qui se trouve au centre du cloître.

LE CLOÎTRE OU "PETIT CLOÎTRE" ET SES DÉPENDANCES

C'est le seul qu'il reste ; avant, il y en avait deux ; le plus grand des deux, autour duquel se trouvaient les cellules et en son centre le cimetière de la communauté a disparu. Là, y étaient enterrés les moines selon le rituel des Chartreux, c'est-à-dire, sans cercueil, sur une planche et portant une casaque. C'est pour cette raison que ce cloître s'appelle aussi "petit cloître".

Le plan de l'édifice est carré, avec des colonnes de style dorique, en pierre grise de la Sierra Elvira. Il servait de point de réunion des moines, et c'est là qu'on trouve le *réfectoire*, la *Salle Capitulaire des moines*, la *Salle de Profundis*, et la *Salle Capitulaire des lais*. Il servait aussi pour accéder aux services religieux de l'église. Il s'agit de la partie la plus ancienne, antérieure à la construction de l'église, elle conserve toutes ses salles de style gothique. Son charme est contagieux, et ses orangers, ses roses et ses plantes aromatiques, avec sa fontaine au centre, nous évoquent plus les patios arabes ou andalous qu'un couvent.

La vie quotidienne des Chartreux était divisée en deux périodes : la vie solitaire (la plupart du temps) dans l'intimité de leur cellule, et la vie en communauté, qui se déroulait entre l'église et ce cloître, et les dépendances qui l'entourent. (Nous devrons nous rappeler le mode de vie des Chartreux quand nous parcourrons ces salles).

La première dépendance dans laquelle nous entrons est le "**réfectoire**". Sur la porte, comme une invitation à oublier les plaisirs gastronomiques, on trouve sur un plateau la tête de Jean-Baptiste, après sa décapitation. Les tableaux de cette salle sont de Sánchez Cotán. Nous

À gauche *:*
Réfectoire ou salle à manger du monastère.

À droite *:*
Détail du tableau de la Cène, oeuvre de Sánchez Cotán. Étant donné qu'il était interdit aux moines de manger de la viande, dans l'assiette de Jésus, au lieu de l'agneau il y a du poisson, et les animaux du premier plan, se disputent une arête au lieu d'un os.

devons mentionner dans un premier temps celui qui préside la salle, "La Cène", où notre attention est attirée par le merveilleux réalisme des fenêtres. Ce qui est également curieux dans ce tableau, c'est que la viande leur étant interdite, Cotán peint, au lieu d'un agneau dans l'assiette de Jésus, un poisson ; un chien et un chat en mangeant les arêtes. La croix qu'il y a au-dessus du tableau, et qui semble être en bois, est en fait peinte sur le mur. Les autres tableaux qui ressortent sont : "La Conversion de saint Bruno en Chartreux", tableau terrible dans lequel Raimundo de Diocres se réveille au milieu de ses obsèques, disant qu'il était condamné au feu éternel, alors que tout le monde croyait que c'était un homme saint ; et "Le rêve de l'évêque Hugo Grenoble" dans lequel sept étoiles représentant saint Bruno et ses six compagnons (les premiers fondateurs), lui apparaissent en rêve. Ces compagnons étaient : Landuino, Esteban de Die, Esteban de Bourg et Hugo (religieux) ; André et Guérin (laïcs). Nous renvoyons à la biographie de saint Bruno qui se trouve dans ces pages. Le reste des tableaux représentent la persécution et les exécutions des moines en Angleterre, sous Henri VIII, et les Huguenots en France. Nous distinguerons, parmi ces tableaux, celui qui représente les chevaux traînant les moines ; dans ce tableau, dû à un effet d´optique, il semble que les chevaux changent de direction selon l'endroit d'où l'on regarde le tableau.

La **chapelle "De Profundis"**. C'est la salle suivante. Là, les moines faisaient pénitence et demandaient pardon à Dieu. Ce nom "De Profundis" vient du psaume 130 de David, dans lequel David implore la pitié de Dieu et se livre à la pénitence. C'est une salle simple où l'on notera seulement l'autel peint en relief sur le mur, et le tableau de saint Pierre et saint Paul, oeuvre de Frère Juan Sánchez Cotán, qui signa sur l'épée de saint Paul : " Joannes Fecit". Le fait de peindre l'autel en relief est important car l'effet est réel, d'autant plus que cela a évité l'emploi de matériaux chers lors de sa construction ; en effet, dans la partie réservée aux Chartreux il n'y a aucun matériau noble, puisqu'ils étaient réservés à la Gloire de Dieu.

Le frère Juan Sánchez Cotán est né à Orgaz (Tolède) en 1560. Il fut influencé par Navarrete et El Greco ; il en arriva à devenir le grand spécialiste de la nature morte ou "*bodegones*", et des thèmes religieux. Il fut le grand prédécesseur de Zurbarán. En 1603, il partit pour le monastère de Paular, et se fit frère lais. En 1610-1612, il vint à Grenade où il se fit connaître comme le "*Santo Fray Juan*" (saint frère Jean), et y laissa la grande collection de tableaux qui sont conservés à la Cartuja et au musée des Beaux Arts de Grenade. Il mourut dans cette ville en 1627.

Par la suite, et sous une petite porte gothique, nous entrons dans la **Salle Capitulaire des lais** ; là ils se réunissaient, et, comme nous le savons, ils étaient chargés de servir la communauté.

Les tableaux qui sont ici sont de Carducho. À côté se trouve la **Salle Capitulaire des Moines** ; c'est dans cette salle que les moines se réunissaient pour délibérer et prononcer les sermons. Les tableaux sont de Vicente Carducho, du XVIIe siècle. Il convient de noter les conditions acoustiques de cette salle.

À gauche *:*
Chapelle "De Profundis" avec le tableau de saint Pierre et saint Paul et l'autel peint en relief, œuvres de Sánchez Cotán.

À droite *:*
Vision de Beato Ford dans la salle capitulaire des moines, œuvre de Vincente Carducho.

L'EGLISE

Conçue de style baroque vers 1662, elle se divise en trois parties bien définies. *La première,* qui va de la porte principale à la grille, était destinée aux fidèles. Sur la porte se trouve l'emblème de l'ordre (les sept étoiles allégoriques de saint Bruno et ses six compagnons quand ils décidèrent de se retirer pour vivre dans un lieu nommé "La Chartreuse", près de Grenoble en 1084).

La deuxième, qui va de la grille à la porte en marqueterie (taracea), était celle des frères lais. Cette porte fut réalisée en 1750 par le meilleur artisan de *taracea* qu'il n'y ait jamais eu : le frère José Manuel Vázquez. De chaque côté de la porte il y a deux retables baroques avec des tableaux de Sánchez Cotán datés vers 1612 et qui représentent : "Une halte de la Sainte Famille dans sa fuite vers l'Egypte" et "le baptême de Jésus". Dans le premier tableau, il faut remarquer, en raison de son réalisme surprenant, le détail du pain, du fromage et du couteau. Les deux autels sont faits d'une seule pièce en marbre de Lanjarón. Nous devons également prêter attention aux statues représentant des personnages bibliques qui se trouvent sur la partie supérieure.

La troisième partie séparée du reste de l'église est celle réservée aux moines et se trouve juste derrière la porte en taracea. Cette partie est totalement isolée comme l'exige la clôture absolue et à vie des moines chartreux. Même le dos des sièges où les moines s'asseyaient sont élevés pour qu'ils ne puissent pas se voir les uns les autres. Il faut remarquer l'absence d'emplacement pour le chœur et l'orgue puisque les instruments de musique étaient strictement interdits par l'Ordre. La seule musique permise autrefois dans ces murs était le chant des prières des moines ,

En haut :
Retable baroque avec tableaux de Sánchez Cotán et porte en taracea qui donnait accès à la partie de l'église réservée aux moines.

Page suivante :
Vue globale de l'église.

À gauche :
Baldaquin en bois, œuvre de Francisco Hurtado. L'Assomption du centre est l'oeuvre de José de Mora.

À droite :
Tableau de la Vierge au chapelet, un des plus beaux de tout l'ensemble monumental.

"Le Grégorien" qui était le chant religieux par excellence.

Les moines entraient dans l'église par une autre porte qui se trouve plus haut, à droite. On n'utilisait l'Eglise qu'en communauté et cinq fois par jour. La première fois de minuit à deux heures et demie du matin après quoi les moines regagnaient leur chambre. Ensuite, ils revenaient prier à l'Eglise à sept heures et à onze heures du matin. Puis après avoir déjeuné et s'être un peu reposés, ils revenaient vers trois heures et demie de l'après-midi ; et une autre fois pour faire "les Complies du Grand Office" et "l'office de la Vierge" qui se terminait vers sept heures, heure à laquelle ils regagnaient habituellement leur chambre pour se coucher.

La grande blancheur des murs est une caractéristique de l'église chartreuse. Parmi les œuvres d'art conservées ici, il faut retenir la collection de tableaux de la Vierge Marie, peints par Pedro Atanasio Bocanegra (disciple d'Alonso Cano) au XVIIe siècle et, un peu plus à gauche, son œuvre la plus belle, avec un encadrement en marbre de Lanjarón, "*La Virgen del Rosario*" (la Vierge au Chapelet). La coupole, avec ses évangélistes et ses lanternes par lesquelles passe la lumière pour illuminer l'autel, ne laisse aucun doute sur le style baroque. La partie supérieure de toute l'église est décorée avec des personnages bibliques.

La partie derrière l'autel est polychromée avec les statues de saint Jean-Baptiste, patron de l'Ordre, à gauche, et saint Bruno, le fondateur, à droite. Une Vierge Assomption de José de Mora, encadrée par un baldaquin de bois doré avec des cristaux incrustés, occupe le centre. Le baldaquin est l'œuvre de Francisco Hurtado Izquierdo et date de 1710.

LE SANCTA SANCTORUM

Il se situe derrière l'autel et est le lieu destiné à conserver les reliques et les saintes hosties. Il s'agit d'une œuvre de Francisco Hurtado Izquierdo de style baroque qui tend au rococo. Il fut terminé vers 1720 et les deux chapelles latérales vers 1725. Ce qui surprend le plus, c'est sa décoration exhubérante avec un excès de marbres de Lanjarón et de Cabra. La porte est en cristal vénitien.

Un **baldaquin** en marbre aux colonnes noires en style salomonien et un palmier en incrustation à l'intérieur occupe le centre. A chaque coin se trouvent quatre statues qui selon Emilio Orozco, sont de Duque Cornejo et représentent les quatre Vertus : la justice, la prudence, la force et la tempérance. Couronnant le tout, se trouve la statue de la Vertu théologale de la foi, œuvre de Risueño. Le ciboire dans le tabernacle, est en bois précieux et fut réalisé en 1816. L'original qui était en argent et en cristal fut volé par le Général Sebastiani pendant l'occupation française.

Dans les coins de l'habitacle il y a quatre statues : saint Bruno, saint Jean-Baptiste, La Madeleine et saint Joseph avec l'enfant. Elles sont de José de Mora (saint Bruno et saint Joseph), de Risueño (saint Jean-Baptiste) et de Duque Cornejo (La Madeleine). Ces statues se trouvent sous des dais polychromés et poudrés donnant ainsi l'impression d'être en velours ou en soie mais ils sont en bois, accentuant "l'effet optique" d'irréalité. Ces dais sont de Duque Cornejo.

Dans la partie inférieure, de chaque côté, il y a des oeils-de-boeuf qui communiquent avec deux chapelles depuis lesquelles les moines adoraient le Saint Sacrement.

La **coupole**, peinte en fresque par Antonio Palomino et José Risueño, est sans doute un des plus beaux éléments de la Chapelle ; là est exalté le Saint-Sacrement de l'Eucharistie, avec saint Bruno soutenant le globe terrestre, sur lequel on peut voir un ostensoir. Dans les coins qui soutiennent la coupole ou "pendentif", les quatre évangélistes sont représentés, chacun avec son symbole : saint Jean avec l'aigle, saint Marc avec le lion, saint Luc avec le boeuf, et saint Matthieu avec l'ange.

Nous devons également remarquer l'extraordinaire dallage, lui aussi en marbre et en pierre ; et les tableaux de Palomino, qui représentent "David et Abigail" et "Moïse pratiquant la circoncision sur ses fils".

***À droite** :*
Détail des différentes sculptures des Vertus qui décorent le Sancta Sanctorum.

LA SACRISTIE

En sortant du Sancta Sanctorum, à droite, et derrière une porte lisse en *taracea* (maqueterie), se trouve la "Sacristie". Il y a des moments où l'art ne nécessite pas d´être expliqué ; la beauté et l'harmonie sont telles qu'elles parlent d'elles-mêmes. Nous avons parcouru le cloître, l'église et le Sancta Sanctorum ; et nous croyions avoir tout vu, mais nous n'étions pas encore arrivés au "Climax". C'est comme si en franchissant la porte nous entrions dans l'acte final de la "Neuvième symphonie de Beethoven", ou dans l'adagio de la "Septième symphonie de Brucker". En entrant dans la Sacristie, nous nous rendons compte que rien n'était encore dit ; la lumière nous envahit, la blancheur nous transporte à un espace encore plus pur, plus éthéré, où tout commentaire est de trop.

Que dire de plus ? Si ce n'est mentionner les auteurs de cette œuvre géniale. Le sculpteur Luis Cabello réalisa les stucages ; et le tailleur de pierre Luis d'Arévalo travailla les beaux marbres de Lanjarón qui recouvrent le bas des murs, avec les étranges personnages que dessinent les veines du marbre : une tête de chat, une autre de chien, un poisson, une jeune fille assise avec des fleurs dans les cheveux, on en arrive à se demander si elles sont réellement´peintes. La coupole, qui n'a pas moins de valeur que l'ensemble, est de Tomás Ferrer. Deux sculptures occupent le centre du retable :

Page précédente :
Impressionnante coupole, peinte en fresque, qui recouvre le Sancta Sanctorum.

En haut :
Détail du plafond de la sacristie.

En haut *:*
Détail d'une des commodes qui décore la sacristie. Elles sont l'oeuvre du frère lai José Manuel Vásquez.

En bas *:*
Détail d'une porte de la sacristie.

Page suivante *:*
Vue d'ensemble de la sacristie.

une Vierge immaculée en albâtre et un saint Bruno. Cependant, les sculptures, de moindre valeur artistique, ne sont pas celles que l'on remarquera le plus ici. Nous ferons exception cependant de la petite statue de saint Bruno qui se trouve au fond à gauche, d'une grande valeur. C'est l'oeuvre du sculpteur grenadin José de Mora, et qui à l'origine n'était pas située là. Elle n'avait d'ailleurs pas été conçue pour être à cet endroit. Elle est considérée, de par sa spiritualité poignante, comme l´une des meilleures statues du baroque.

Il reste à mentionner l'élément décoratif qui attire peut-être le plus l'attention du visiteur : les merveilleuses armoires de sacristie faites en marqueterie. Elles sont l'oeuvre du frère lais José Manuel Vasquéz faites en bois de cèdre, d'ébène, en gaïac, ivoire, nacre, écaille de carey et argent. Ce travail fut réalisé entre 1730 et 1764 ; trente-quatre ans ! Mais elles subsistent encore, avec toute la fraîcheur des bois et des incrustations, et ce, presque trois siècles après.

Nous ne voudrions pas terminer sans faire remarquer que, tant par ses stucages que par sa marqueterie et son originalité, cette sacristie de la Chartreuse de Grenade semble être la fille directe de l'Alhambra.

Le Monastère de San Jerónimo

Entrer dans ce monastère, au milieu de l'agitation de la ville, c'est retourner cinq siècles en arrière, au XVIe siècle, époque de sa construction et de la mort du "Gran Capitán", dont les restes mortuaires reposent ici.

Le premier ordre hiéronymite qu'il y eut à Grenade, se trouvait dans le couvent de *Santa Catalina* dans l'enceinte royale de *Santa Fe*, quand les Rois Catholiques y installèrent leur campement pour assiéger la ville dans l'attente de sa reddition. Mais une fois le site abandonné, les moines furent livrés à leur sort. Grenade colonisée par les Chrétiens, les Rois offrirent aux trois ordres religieux les plus importants de cette époque, les Franciscains, les Dominicains et les Hiéronymites, un endroit dans la ville pour y établir leurs couvents. Aux Hiéronymites fut donné un endroit appelé *El Nublo*, là où se trouve actuellement l'Hôpital de *San Juan de Díos*.

Selon les chroniques, les Hiéronymites furent tellement blessés et piqués par les insectes qu' "ils ne ressemblaient pas à des moines de saint Jérôme mais plutôt à ceux de saint Lazare, du fait de leurs blessures et de leurs piqûres" (les moines de saint Lazare étaient ceux qui soignaient les malades de la lèpre). On ne sait pas très bien si ces mésaventures se produisirent à "El Nublo" ou à Santa Fe. Le fait est qu'en 1496 les Rois leur donnèrent un nouvel emplacement, une ancienne propriété des rois arabes qui avait une maison, un moulin et un jardin. La propriété s'appelait *la Almoraba*. Une fois établis, en 1519, on posa la première pierre du nouveau monastère. En 1521, doña María de Manrique, seconde épouse et duchesse veuve du Grand Capitaine, sollicita de Charles Quint que lui fût donné le monastère pour y enterrer son mari et ses descendants, ce qu'il fit en 1523. En échange, elle devait terminer le Chœur (*Capilla Mayor*) et le décorer avec un retable, des grilles et des tombeaux (caveaux de famille et cénotaphes). Mais seul le retable fut réalisé.

La construction de l'église fut initiée par Jacobo Florentino (*"El Indaco"*) en 1525. Celui-ci ne put finir son projet, il mourut en 1526. Plus tard, en 1528, la duchesse veuve du Grand Capitaine choisit Diego de Siloé pour les travaux du retable et de la grille de la chapelle. Mais suite à un affrontement avec le petit fils du Grand Capitaine, il ne réalisa qu'une partie de l'Église et les portails du premier cloître.

***Page précédente** :*
Premier cloître du Monastère, de style gothique décadent.

***En haut** :*
Détail de l'extérieur de l'église depuis la rue Gran Capitán.

***En bas** :*
Blason de Don Gonzalo Fernández de Córdoba, à l'extérieur de l'abside.

***À gauche** :*
Frontispice et façade principale de l'église, à l'intérieur du monastère.

Avec l'invasion des troupes napoléoniennes, le monastère fut pillé par le général Sebastiani qui l'occupa avec ses troupes. En 1835, la *Desamortización* supposa l'expulsion des moines. En 1973 il fut rendu à l'Ordre et depuis 1977 ces murs, maintenant réhabilités, sont habités par une communauté de religieuses hiéronymites, qui avec leur généreuse hospitalité nous ont ouvert les portes.

L'EXTÉRIEUR DE L'ÉGLISE

La partie extérieure du monastère, celle qui donne sur la rue *Gran Capitán*, a une forme presque octogonale, avec de fortes culées et de gros murs en pierre de taille. Le manque de décoration -à l'exception du blason du Grand Capitaine, qui décore l'abside, les côtés et le ciborium- nous fait davantage penser à une forteresse qu'à une église, peut-être en mémoire du grand militaire qui repose en ces lieux. La décoration en est simple, mettant en valeur la partie inférieure du centre de l'abside, sur laquelle on distingue l'énorme blason de Don Fernando de Córdoba et, sur le corps supérieur, la grande tablette soutenue par deux femmes - *"fortutido"* (force) et *"industría"* (travail)- où on peut lire : *Gonzalo Fernandez de Córdoba, gran general de los españoles y terror de los franceses y de los turcos* (Gonzalo Fernández de Córdoba, grand général des Espagnols et terreur des Français et des Turcs). Il n'est pas étonnant que Sebastiani et ses troupes napoléoniennes se soient irritées en la lisant car cela leur rappelait les défaites de Ceriñola. Garellano et Gaeta saccagèrent alors l'Église et le monastère.

La façade principale du parvis se compose de trois corps. Sur le premier, on trouve la porte, embellie de deux colonnes doriques de chaque côté. Sur cette porte, flanquée de quatre pinacles, se trouve saint Jérôme le pénitent à qui il manque une main. Dans sa main, le saint tient une pierre pour se flageller et à ses côtés, le lion qui l'accompagne dans sa solitude d´ermite. À sa droite, suspendus, les attributs du saint comme docteur de l'Église. Sur le second corps, on trouve le blason des Rois Catholiques, leurs initiales couronnées et leurs symboles (le joug et les flèches). Le troisième comporte une très belle fenêtre avec un vitrail qui laisse passer la lumière dans le chœur, et à ses côtés, les bustes de saint Pierre et de saint Paul dont les noms sont inscrits sur des tablettes. Et tout l'ensemble encadré par des animaux fantastiques, comme l'hippogriffe, caractéristiques chez Siloé.

La tour compte quatre corps, desquels seulement les deux du dessous sont d'origine. Ceux du haut furent mutilés sur ordre du général français Sebastiani pour construire le "Pont Vert" sur la rivière Genil.

Gonzalo Fernández de Córdoba "El Gran Capitán"

***En haut** :*
Sculpture de Gonzalo Fernández de Córdoba en prière, sur un des côtés de la grande chapelle.

Le célèbre Gonzalo Fernández de Córdoba, deuxième fils du Comte d'Aguilar, naquit à Montilla (Cordoue), le 1er septembre 1453. Dès son plus jeune âge, il fut page de l'Infant Alphonse, Frère d'Henri IV de Castille, "l'impuissant" et de la future Reine Isabelle la Catholique qui avait pour lui une affection particulière.

Militaire, il participa aux guerres de succession au royaume de Castille pour Isabelle et Ferdinand contre les nobles qui, soutenus par le Portugal, s'opposaient à ce qu'Isabelle fût reine. Sa participation à la bataille d'"Albuera" (1479) durant laquelle Ferdinand vainquit les Portugais, fut très importante.

A partir de 1481, il participera activement aux guerres pour la conquête du Royaume de Grenade jusqu'à sa reddition en 1492. La participation à la prise de Grenade lui rapportera de grandes propriétés et possessions dans cette ville, tout comme d'autres nobles et militaires que les Rois récompensèrent avec de vastes possessions. Après un court séjour en Italie, il reviendra en 1499 prendre part à une autre guerre sur les terres de Grenade : la première révolution des Maures dans les Alpujarras.

Ce fut sa participation aux Guerres d'Italie (1495-1504) qui conféra à Gonzalo Fernández de Córdoba célébrité et légende à travers toute l'Europe ; il fut connu comme le *Gran Capitán*. Un conflit surgit quand Charles VIII de France entra à Naples et y déposa Ferdinand II, roi de ce royaume et parent de Ferdinand le Catholique. Le Roi Catholique, pour parer à cette situation, fit envoyer le plus illustre de ses généraux, Gonzalo. Celui-ci débarqua en Calabre le 26 mai 1495. Après plusieurs vicissitudes et conflits, le "traité de Grenade" fut signé en secret entre le nouveau Roi de France Louis XII et Ferdinand le Catholique. Par ce traité, les deux monarques se partageaient le royaume de Naples.

Cependant, la France et l'Espagne se querellèrent encore une fois et Ferdinand le Catholique envoya de nouveau Gonzalo qui commença son avancée triomphale. Avec les célèbres "tercios" (tiers) de son armée, il récupéra la Calabre (qu'il avait perdue auparavant), il vainquit les Français à la Bataille de Cerdiñola en 1503 et entra à Naples en mettant en déroute en 1504 le célèbre général français Bayard connu comme "le chevalier sans peur ni défaut". Gonzalo se montra si généreux avec les vaincus que ceux-ci le nommèrent "gentil capitaine et gentil chevalier".

Il fut nommé vice-roi de Naples ; mais il outrepassa ses droits en répartissant titres et récompenses parmi ses officiers ainsi que bénéfices ecclésiastiques argumentant qu'il les répartissait entre ceux qui avaient si bien combattu, et qui, par conséquent, les méritaient. La même année (1504) la Reine Isabelle, sa grande protectrice, mourut. Ferdinand le Catholique, qui semble-t-il voyait d'un mauvais oeil cette énorme réputation, finit par lui demander de rendre des comptes. Le Grand Capitaine commençait à faire de l'ombre au roi sur ces terres italiennes. Ferdinand le Catholique qui avait des soucis financiers en arriva à dire : "Que m'importe que Gonzalo ait gagné un royaume pour moi s'il le partage avant qu'il n'arrive dans mes mains".

***En haut** :*
Sculpture orante de Doña María de Manrique, seconde épouse et duchesse veuve du Grand Capitaine.

Gonzalo reçut cette réclamation avec le plus grand dédain et n'entendant pas la plaisanterie, voulut donner une leçon aux trésoriers du royaume et au Roi lui-même. Il voulut démontrer quel était celui qui était véritablement en dettes : lui ou la trésorerie. Devant l'audience de la trésorerie, il commença à lire ce qui est connu comme "les comptes du Grand Capitaine" que nous transcrivons ici parce qu'il s'agit d'une de ces curiosités ou anecdotes que parfois nous offre l'histoire :

"Deux cent mille sept cent trente-six ducats et neuf réaux pour les frères, sœurs et pauvres afin qu'ils prient Dieu pour la prospérité des armées du roi. - En pelles, houes et pioches, cent millions.- Cent mille ducats en poudre et boulets de canon.- En gants parfumés pour préserver les troupes de la puanteur des ennemis morts, dix mille ducats. - Cent soixante-dix mille ducats pour réparer et renouveler les cloches à force de les faire sonner tous les jours en honneur des nouvelles victoires obtenues sur l'ennemi. - Cinquante mille ducats en eau-de-vie pour les troupes en jour de combat. - Un million et demi pour s'occuper des prisonniers et des blessés. - Un million pour les messes d'action de grâce et te deum en honneur du Tout-puissant.- Sept cent mille quatre cent quatre-vingt-quatorze ducats en espions. - Et pour finir, cent millions pour la patience perdue à écouter des gens qui demandent des comptes à celui qui a gagné des royaumes."

Tout cela, accentué par les jalousies que faisait naître la figure du Grand Capitaine chez certains courtisans, fit que les différends entre le Roi Catholique et Gonzalo se creusèrent à tel point que le Roi aurait tout fait pour le faire sortir de Naples. Gonzalo, déçu par tant d'arguties employées contre lui, finit par retourner en Espagne. L'astucieux roi Fernando, pour laver les hostilités contre le meilleur militaire de son armée, lui donna à vie la "seigneurie de Loja". Presque exilé et se sentant mourir, Gonzalo Fernández de Córdoba se retira dans sa maison de Grenade, Place des *Descalzas* (on y trouve une plaque commémorative) où il mourut le 2 décembre 1515, un mois et vingt-trois jours avant le Roi, et totalement oublié par celui-ci tout comme ce fut le cas pour Christophe Colomb.

monographie

MONASTÈRE ET CLOÎTRE

L'accès au monastère se fait par le frontispice, à droite de l'église, sur lequel on peut lire la devise de l'ordre : "*A Dios sólo el honor y la gloria*" (A Dieu seul, l'honneur et la gloire), œuvre de Martín Navarrete. Le monastère a deux cloîtres, cependant un seul peut se visiter puisque l'autre appartient au cloître des sœurs. Celui-ci ne peut être vu que de la grille qui se situe sur le latéral droit du premier cloître (celui que nous visiterons), à côté des escaliers qui montent au cloître. Ce second cloître est de style Renaissance et hébergea, en 1526, l'Impératrice Isabelle, épouse de Charles Quint puisque les habitations qui avaient été aménagées pour elle à l'Alhambra lui paraissaient trop froides. Le deuxième corps de ce cloître et l'escalier furent ravagés par un incendie et restaurés entre 1965 et 1968.

Le premier cloître possède un beau jardin au centre, avec une vasque entourée d'orangers, de citronniers, cèdres, myrrhes et plantes aromatiques qui nous rappellent le jardin hispano-musulman. L'architecture est de style gothique décadent ou *"isabellin"*. Dans ses arcs et chapiteaux on peut apprécier l'influence d'Enrique Egas, bien que les plans aient été réalisés par un artiste inconnu. C'est un ensemble formé de trente-six arcs, neuf de chaque côté. L'intérieur est décoré avec les blasons des Rois Catholiques et du premier archevêque de Grenade et du moine hiéronymite Fray Hernando de Talavera, qui fut le confesseur de la reine Isabelle. Sa construction prit fin en 1519.

La partie supérieure appartient au cloître. En haut, sur un des côtés, entre la tour et le ciborium, il y a un grand couloir ou "solarium" où se promenaient et prenaient le soleil les malades convalescents. Le blason du

***En haut** :*
Détail du premier cloître. C'est le seul, des deux cloîtres que possède le monastère, ouvert aux visiteurs.

Atanasio Bocanegra. De la "Sacristie", sur le portail de laquelle apparaît le blason du Cardinal Mendoza, on dira seulement comme curiosité, qu'elle conserve un enfant Jésus de style gothique que prenait avec lui le Grand Capitaine pendant ses batailles.

Sur le sol, les dalles funéraires en marbre attirent l'attention, là sont enterrés les moines dont le nom apparaît gravé de façon abrégée. Il devrait y avoir semble-t-il environ cinq cents moines enterrés et du fait du grand nombre et du peu d'espace, on peut se demander s'ils n'ont pas été enterrés en position verticale. Nous terminons la visite du cloître en nous intéressant aux quatre fanaux de bateau qui occupent les coins du cloître, faits en fer forgé, et qui servaient pour éclairer la nuit.

Á gauche :
Deux des magnifiques portes, œuvres de Siloé, qui embellissent le cloître.

En bas :
Détail des colonnes du cloître.

Grand Capitaine qui se trouve à une des extrémités attire l'attention.

Autour des couloirs du cloître, il y a sept portails de Siloé. La plupart donnent accès aux dépendances de la communauté comme "de profundis", "réfectoire", ou "salle capitulaire". Le portail du "Ecce Homo", le premier à gauche, et qui précède la chapelle, est peut-être celui qui attire le plus l'attention avec des reliefs des saint Jean, saint Pierre, saint Paul, saint Grégoire et saint Jérôme sur sa voûte. La plupart de ces portails furent pensés comme chapelles pour les familles les plus nobles de Grenade et par la suite comme tombeaux de leurs membres, comme les Bobadilla, Diaz Sánchez Dávilla et Ponce de León, même si, par la suite, ils prirent leurs fonctions pratiques pour le service de la communauté.

La salle "de profundis" donnait accès au "*refectorio*" ou réfectoire. Là, il y a une fontaine avec la devise "Ave María" où les moines se lavaient les mains avant de passer à table. Le réfectoire a des bancs en briques tout au long du mur, un pupitre d'où étaient lus les thèmes religieux pendant le repas et une petite fontaine encastrée dans une niche et décorée d'azulejos. Les tableaux que l'on trouve sur les murs sont de Juan de Sevilla et sur le mur du fond on peut voir une très belle "Immaculée" de Pedro

L'INTÉRIEUR DE L'ÉGLISE

L'église a une seule nef avec un transept et un choeur qui possède un retable. La nef se compose de deux parties bien distinctes : *la première*, de la porte d'entrée jusqu'au transept, est de style gothique décadent (*isabelino*), avec un plafond bleu et or, très dans le style d'Enrique de Egas et de son travail de la "Chapelle Royale". Il se peut que ce soit lui ou un de ses disciples qui l'ait dessinée, étant donné que Florentino n'a pas participé à la construction de *San Jerónimo* avant l'année 1523. Ce qui ressort le plus de cette construction, ce sont les peintures sur les plafonds et les murs. La *deuxième partie*, du transept jusqu'au maître-autel, est déjà de style Renaissance, on y observe le style de Diego de Siloé.

De chaque côté de la porte d'entrée, on trouve deux fresques de Juan de Medina, "Jésus chassant les marchands du Temple" et "saint Pierre guérissant un paralysé". Entre les nervures de la voûte, on trouve des anges, des séraphins et des chérubins, et sur les colonnes qui la soutiennent, des archanges. Toutes ces peintures en fresques furent réalisées au XVIIIe siècle, tout comme celles qui recouvrent l'église. Certaines sont d'artistes inconnus et d'autres d'artistes connus tels que Juan de Sevilla, ou Martín de Pineda.

Sur chacun des côtés s'ouvrent quatre chapelles avec à l'intérieur des voûtes à nervures, œuvre de Florentino. Ces chapelles contiennent des sculptures d'une certaine importance comme " Le Christ Mort" et "La Vierge de la solitude", que l'on sort pour les processions du Vendredi Saint.

En haut :
Plafond de la nef de l'église, en style gothique isabellin.

En haut, est l'emplacement pour le **choeur**, où l'espace prévu pour les orgues demeure vide et sans tuyaux. Il y a aussi des stalles en noyer, de Siloé. Les peintures représentent des thèmes religieux, on remarque particulièrement celle de J. de Medina : "Le Triomphe de l'Eucharistie". Malheureusement, on ne conserve pas tous les vitraux qui fermaient autrefois les grandes ouvertures des fenêtres, ceux que l'on peut voir aujourd'hui sont d'Arnao de Vergara.

Nous arrivons au **transept** et là commence le travail de Siloé, passant du gothique au plus pur style de la Renaissance. Il est soutenu par d'énormes arcs abondamment décorés avec des héros et des héroïnes de l'antiquité : César, Hannibal, Pompée, Homère... La raison pour laquelle on trouve des personnages non religieux dans une église catholique, réside dans les similitudes de leurs exploits avec ceux du Grand Capitaine. La voûte, octogonale avec des tirants doubles centraux, est une croisée d'ogives, ornée de chérubins et de bustes. Elle est soutenue par quatre trompettes sur lesquelles sont assis les Évangélistes. L'ensemble est éclairé par les vitraux circulaires portant l'écusson du Grand Capitaine.

De chaque côté du transept, il y a deux chapelles où apparaissent les armes du Grand Capitaine, avec de chaque côté, les "*Lansquenetes*"

(soldats d'infanterie suisses et mercenaires qui combattirent sous ses ordres). Au-dessus, les statues assises représentent les quatre Vertus, deux sur chaque autel : "la Foi" et "l'Espérance" à gauche et "la Force" et "la Justice" sur la partie opposée.

Devant le petit escalier qui donne accès au chœur, se trouve la dalle funéraire, simple et très détériorée, faite en marbre, sous laquelle reposent les restes de Gonzalo Fernández de Córdoba, avec une simple inscription en latin : "Gonzalo Fernández de Córdoba, qui grâce à son grand courage fut appelé *Gran Capitán*, ses restes se trouvent dans ce sépulcre jusqu'à ce qu'ils soient restitués à la lumière perpétuelle".

Nous terminons par le **grand retable** du chœur. C'est peut-être le plus grand de la Renaissance espagnole. Sa réalisation débuta en 1570 et ses principaux artisans furent Juan de Aragón, Diego Pesquera, Lázaro de Velasco, Juan Bautista Vásquez, Pablo de Rojas et son jeune disciple Juan Martínez Montañes, Pedro de Orea, Pedro de Raxis et Diego de Navas. Une constellation d'artistes qui, malgré tout, surent lui donner une unité surprenante.

Le retable est composé de quatre corps, qui reposent sur une rangée de saints en relief, couronné par un fronton présentant Dieu le Père. Étant donné qu'il est très varié et complexe, et du fait de la grande quantité de personnages, nous nous attacherons seulement à ce qui est le plus remarquable dans chacun de ces quatre corps.

Le premier corps : la cavité centrale est occupée par la Vierge de la *Pera* ; saint Pierre et saint Paul à ses côtés. Près d'eux, des reliefs de "la Naissance" et "l'Adoration des Rois Mages".

Le second corps : au milieu, l'Immaculée ; à ses pieds, ses parents saint Joachim et sainte Anne. C'est la première fois dans l'histoire de l'art qu'un retable est dédié à la Vierge. À ses côtés, saint Jean-Baptiste et saint Jean l'Evangéliste (celui-ci dans le chaudron) et des reliefs de la "Présentation" et "Incarnation".

Le troisième corps : présidé par *saint Jérôme* pénitent avec le lion. À ses côtés, Jésus attaché à la colonne et l'Ecce Homo. Des reliefs de "l'Arrestation", de "la Prière dans le jardin", de "la Crucifixion" et d'une "Pietà" complètent cette partie.

Le quatrième corps : au centre, un "Crucifié" avec la Vierge et saint Jean l'Evangéliste ; de chaque côté, des reliefs de l' "Ascension" et la "Descente

***Page précédente** :*
Vue d'ensemble de la nef depuis le maître-autel.
Au fond, le chœur et les orgues.

***À droite** :*
Détail de quelques-unes des nombreuses peintures qui décorent les murs de l'église.

À gauche :
Le maître-autel et transept depuis la nef centrale (sa description est faite dans la page précédente).

En haut :
La voûte du transept (décrite à la page 201)

du Saint-Esprit" (Pentecôte). Sur les parties latérales, les blasons du Grand Capitaine et son épouse María de Manrique.

En haut du retable, le fronton brisé représente Dieu le Père et les saints Justo y Pastor. Sur eux, les Vertus de "la Foi", "l'Espérance" et "la Charité". De chaque côté du fronton, un peu à l'écart, "la Force" et "la Tempérance".

Sur la partie inférieure, de chaque côté, les donateurs du monastère agenouillés : don Gonzalo Fernández de Córdoba et son épouse. Sur le personnage du Grand Capitaine, il y a une fresque qui le représente lorsqu'il reçut l'épée que lui offrit le Pape Alexandre VI pour défendre l'église selon la légende inscrite en bas en latin.

L'épée originale reposait ici avant que le général français Sebastiani ne la dérobât en 1810. Tout le trésor de l'église fut également expolié lors de la conversion du monastère en un quartier militaire et écurie : bijoux, grilles plateresques, les tuyaux des orgues, les étendards, ainsi qu'un grand nombre de drapeaux remportés par le Grand Capitaine dans ses batailles (selon Miguel Lafuente, ils devait y en avoir quelque sept-cents).

AUTRES MONUMENTS dignes d'intérêt

L'Hôpital Royal, la basilique San Juan de Dios et la Place de l'Université ; trois enclaves à parcourir qui relient le monastère de la Cartuja à celui de San Jerónimo.

L'Hôpital Royal

Les Rois Catholiques avaient déjà fondé un premier Hôpital Royal en 1501 à l'Alhambra, dont la principale fonction était de soigner les blessés de Guerre, mais il n'avait qu'une fonction provisoire ; en effet les rois fondateurs avaient pensé, parmi les autres grands projets architecturaux pour la ville, construire un grand hôpital dans lequel on prendrait soin des malades et des invalides. On décida d'implanter l'édifice sur un ancien cimetière musulman, aux environs de la *Puerta de Elvira*. Les travaux commencèrent en 1511, ils furent interrompus peu de temps après et seront repris en 1522 sous la direction de Juan García de Pradas. Dès 1522, il commença à fonctionner en tant qu'hôpital, recevant dans la partie déjà terminée les malades de l'hôpital de l'Alhambra. Plus tard, il fera office d'hôpital pour les malades mentaux et d'orphelinat.

Dans cet édifice, on trouve plusieurs styles se superposant, dû essentiellement au temps qu'il fallut pour le construire et aux travaux réalisés au fil des siècles pour l'adapter aux nouvelles nécessités. Lors de sa première étape (1511-1522), on trouve des lignes architectoniques du gothique tardif. À partir de 1522, et sous la direction de Juan García de Pradas, le style et les éléments architectoniques de la Renaissance viendront se superposer aux formes gothiques déjà présentes. À la fin du XVIe siècle, se produira la suspension des travaux, dû au manque de ressources économiques pour poursuivre les travaux. L'élément le plus remarquable est sans aucun doute le portail de la façade qui date du premier tiers du XVIIe siècle. Au XVIIIe siècle, de nouveaux travaux seront entrepris, ce qui supposera une nouvelle redistribution de l'édifice pour l'adapter aux temps nouveaux.

En haut : *Une des cours intérieures de l'édifice*

En bas : *Détail d'un des arcs de la cour. Il est entouré des symboles royaux ; celui qui attire le plus l'attention est l'aigle de saint Jean.*

Les murs de tout l'édifice et ceux de la façade principale sont d'une grande austérité ; quatre fenêtres plateresques sur la partie supérieure viennent rompre cette austérité, œuvre de Pradas, ainsi que le frontispice. Les éléments principaux de ce frontispice sont sur la partie inférieure, de chaque côté de la porte, deux colonnes corinthiennes ; sur le second corps, une sculpture de la Vierge à l'enfant, et de chaque côté les Rois fondateurs en prière. Un aigle de saint Jean avec le blason des armes des Rois et les initiales de ces derniers couronnent l'ensemble ; ils apparaissent sur tout l'édifice.

Le plan est en croix grecque inscrite dans un carré, avec quatre cours dans chacun des angles de la croix. Ces cours sont sans aucun doute les éléments les plus remarquables de tout l'édifice. Celles du côté gauche sont les plus intéressantes, surtout la première, avec sur chacun de ses côtés, cinq arcs soutenus par des colonnes stylisées et décorées avec des éléments qui font référence aux Rois Catholiques et à leur petit-fils, l'Empereur Charles Quint. Les plafonds constituent un autre élément des plus intéressants. Ceux en bois sont l'œuvre des maîtres charpentiers Juan de Plasencia et Melchor Arroyo. Ce dernier a également réalisé la grande coupole à caissons qui recouvre l'intérieur du cimborrium que l'on peut admirer quand on visite la magnifique biblilothèque de l'édifice.

Ce monument abrite actuellement les services centraux de l'Université de Grenade, les cours et les salles du transept sont réservées aux célébrations des actes académiques ou culturels de tout genre ; c'est également le siège de nombreuses et diverses expositions.

En haut *:*
Une des cours intérieures de l'édifice

En bas *:*
Détail d'un des arcs de la cour. Il est entouré des symboles royaux ; celui qui attire le plus l'attention est l'aigle

[1]Chaque évangéliste avait un symbole représentatif : saint Marc, un lion ; saint Luc, un taureau ; saint Matthieu, un ange et saint Jean, un aigle. Les Rois Catholiques qui portaient une dévotion particulière à ce dernier, inclurent cet aigle comme support de leur blason. Celui-ci a figuré sur tous les blasons d'Espagne jusqu'à l'arrivée de la dynastie des Bourbons.

La Basilique Saint-Jean de Dieu

Consacrée à l'Immaculée Conception et dédiée à saint Jean de Dieu[1], les travaux commencèrent en 1737 sous la direction de José de Bada et elle fut ouverte au culte en 1759. De style baroque, sa décoration ornementale est très riche, il ne reste aucun espace libre sur les murs qui ne soit richement décoré.

Sur sa façade extérieure ressortent deux clochers jumeaux avec la toiture en ardoise. Le frontispice, tracé par José de Bada en marbre de la Sierra Elvira, présente deux corps richement travaillés : sur la partie inférieure, de chaque côté de la porte, et entre les colonnes corinthiennes, des statues des archanges saint Raphaël et saint Gabriel œuvre de Ramiro Ponce de León ; sur la partie supérieure, saint Jean de Dieu également de cet artiste ; de chaque côté, entre des colonnes, saint Ildefonse et le martyre de sainte Barbara, par Agustín Vera Moreno et au-dessus, la représentation de Dieu le Père.

***En haut** : Façade de la Basilique Saint-Jean de Dieu.*

***En bas** : Intérieur de la Basilique.*

Le plan est en croix latine avec des chapelles s'ouvrant sur les bas-côtés. Tous les retables de cette église sont de José Francisco Guerrero. Ce qui attire le plus l'attention avec les retables baroques, ce sont sans aucun doute, les peintures qui décorent les arcs, les voûtes et la coupole. Y sont représentés saints, évangélistes, fondateurs d'ordres religieux, les Vertus et des scènes de la Vie de la Vierge et de saint Jean de Dieu, presque toutes de Sánchez Sarabia,

même si quelques-unes, comme celles des arcs de la chapelle, sont de Tomás Ferrer.

Le **retable** du choeur, œuvre de José de Bada et de Francisco Guerrero, est de style churrigueresque et recouvert d'or en feuilles. Les statues qui le décorent sont de Sánchez Sarabia. Elles représentent l'Immaculée, au-dessus ; puis saint Ildefonse, saint Charles Borromée, saint Joachim et sainte Anne. En haut du tabernacle, un saint Jean Nepomuceno par Ramiro Ponce de León. De chaque côté du Choeur, devant le retable, il y a deux grandes toiles "l'Apparition de la Vierge à saint Jean de Dieu" et "la Mort de saint Jean de Dieu", par Conrado Gianquinto. Sur la partie centrale s'ouvre une fenêtre en forme d'arc qui donne accès à **la Chapelle de la Vierge**, très riche en matériaux précieux et en miroirs, plus riche même que l'église. Elle abrite un tabernacle au centre, dont le ciboire en argent, décoré par l'orfèvre Miguel de Gúzman, garde les restes de saint Jean de Dieu. Dans son abondante décoration sont inclus de nombreux reliquaires avec des crânes et os de martyrs, comme saint Félicien dont le squelette complet est dans une urne. Les peintures des voûtes sont de Sánchez Sarabia.

Dans les **chapelles latérales**, il y a d'excellentes œuvres d'art comme la statue de saint Jean de Dieu, œuvre de Bernardo de Mora et une autre de saint Joseph avec l'Enfant par José Risueño. Parmi les tableaux, on remarque ceux de Pedro Anastasio Bocanegra, et celui de l'Immaculée enfant entre saint Joachim et sainte Anne.

Le retable possède de chaque côté deux petites portes ouvertes sur sa partie inférieure ; elles communiquent avec la **Sacristie**, elle aussi très riche en décoration. Ce qui ressort le plus, comme dans l'église, ce sont les peintures du plafond, également de Sarabia. Les meubles à tiroirs sont de Francisco Guerrero.

En bas *:*
Peinture de la voûte de la nef, œuvre de Sánchez Sarabia, dans laquelle sont représentées des scènes de la vie de la Vierge et de saint Jean de Dieu.

[2] Juan Ciudad Duarte (saint Jean de Dieu) naît à Montemoro-Novo (Portugal) en mars 1495. Pour différentes raisons, il vient vivre en Espagne, à Oropesa (Tolède). Dans un premier temps, il s'enrôle comme soldat à deux reprises pour lutter contre les Français et les Turcs. En 1538, il s'installe à Grenade où il trouve sa véritable vocation après avoir rencontré saint Jean d'Avila. Sa transformation est si radicale que les gens le croient fou et il sera interné à l'*Hospital Real*. Ce séjour hospitalier le marquera. Il consacrera alors toute sa vie aux malades et aux nécessiteux. Il fonde un premier hôpital dans un local de la rue Lucena de Granada, qui s'agrandira et sera transféré dans un lieu plus grand. D'abord, il travaille seul mais peu à peu il trouvera des collaborateurs. Son action consiste essentiellement à s'occuper et à nourrir les pauvres et les malades pour qu'ils aient une vie digne et à faire l'aumône pour eux. Il meurt en mars 1550 dans *la Casa de las Pisas*, victime d'une pneumonie, il s'était jeté dans le río Genil pour sauver un jeune qui se noyait.

L'église San Justo y Pastor, Place de l'Université.

La Place de l'université

Il s'agit d'un lieu en plein centre près de la cathédrale, une place tranquille qui, avec son bel entourage et les façades de ses deux bâtiments principaux, **la Faculté de Droit** et **l'église collégiale San Justo y Pastor**, est un des endroits les plus pittoresques du centre de la ville. Pendant l'année scolaire, le va-et-vient continu des étudiants avec leurs livres, image si typique de cette ville, anime cette place ainsi que les rues qui y mènent. Il ne faut pas oublier que l'Université de Grenade fut une des premières universités fondées en Europe et une des plus importantes d'Espagne. Au centre de la place, se dresse une statue de l'Empereur Charles Quint, qui ordonna en 1526 la création d'une "Université Littéraire" à Grenade ; cet édifice fut donc construit pour être université et représente l'origine de l'université actuelle. On pouvait y étudier la Théologie, la Philosophie, la Logique et la Grammaire.

L'édifice de **la Faculté de Droit**, qui autrefois fut propriété des Jésuites, est désormais une construction moderne dans sa plus grande partie, et très rénovée. Les seuls vestiges du passé que nous puissions encore y admirer sont deux cloîtres, le plafond de la salle des actes (ancienne chapelle) et le frontispice du début du XVIIIe siècle, avec ses colonnes baroques et une statue de la Vierge Immaculée. A partir de 1769, et après que les Jésuites en furent expulsés, cet édifice fut le siège de l'Université de Grenade qui jusqu'alors, et depuis sa fondation, se trouvait dans ce qui est aujourd'hui le *Palais de la Cure Ecclésiastique*, en face de la *Cathédrale*. Aujourd'hui, c'est donc maintenant la Faculté de Droit de cette Université.

L'église collégiale San Justo y Pastor fut également propriété des Jésuites qui la construisirent. Les travaux commencèrent en 1575 et furent achevés en 1621. La tour et le frontispice sont postérieurs, du milieu du XVIIIe siècle. Celui-ci présente de beaux reliefs, œuvre de Vera Moreno. La statue qui la couronne, représente saint Ignace. L'édifice adossé à l'église est la maison paroissiale, qui faisait partie de l'ancien Collège Saint-Paul de la Compagnie de Jésus.

De l'intérieur (plan en croix latine) on ressent la sobriété et l'harmonie. Le chœur ressort avec son retable polychromé en or et noir, œuvre de Francisco Díaz de Rivero, menuisier madrilène qui auparavant avait intégré l'Ordre des Jésuites et qui le réalisa en 1630. Il possède des colonnes au fût torsadé, avec au centre une ouverture en demi-cercle qui renferme un tabernacle giratoire et mobile dont l'objet est d'exposer et de cacher le Saint-Sacrement. Les côtés sont occupés par des reliquaires qui s'ouvrent lors de fêtes religieuses. La grande toile qui préside le retable représente la "Conversion de saint Paul" ; c'est une œuvre de Pedro Anastasio Bocanegra, de même que les autres tableaux qui décorent les murs du chœur. Devant l'autel, sur les murs du transept, il y a deux statues des enfants martyrs saint Justin et Pastor qui donnent leur nom à l'église. Le plus remarquable dans les chapelles latérales est probablement les sculptures et statues qu'elles renferment, certaines d'une grande valeur artistique.

En haut :
Statue de Charles Quint et frontispice de l'église San Justo y Pastor.

En bas :
Un aspect de la place avec au fond le portail de la Faculté de Droit.

Autres coins et chemins

SPÉCIAL:

Le Quartier du Realejo

C'est un des quartiers les plus anciens et typiques de Grenade situé sur le versant sud de la descente de l'Alhambra.

C'est le quartier le plus ancien de la Grenade chrétienne, après la conquête. Là étaient situés à l'époque musulmane les jardins potagers royaux (*huertas reales*) des sultans grenadins ; ils s'étendaient en direction du fleuve, d'où le nom *Realejo*. Ce quartier occupait le versant sud de la descente de l'Alhambra ou *Antequeruela*, et communiquait avec le quartier juif du "Mauror" par la Puerta del Sol ou "Bibaxarc" se divisant à son tour en Haut-Realejo et Bas-Realejo. A l'époque musulmane le quartier s'appelait "Rabad-Al-Fajjarin", ou quartier des potiers, et avait sa *jima* (petite mosquée qu'il y avait normalement dans chaque quartier) appelée "Abengimara", sur laquelle s'est construite la **Casa de los Tiros** ; ainsi que des édifices de grande valeur.

Les places et rues principales que nous retenons de ce quartier populaire grenadin, autour desquelles se trouve la majorité de ses monuments sont : *El Campo del Príncipe, la calle Molinos, la plaza de Santo Domingo* et *la calle Pavaneras.*

Le centre névralgique du Quartier se trouve au **Campo del Príncipe** ; vaste place aux pieds de l'Hôtel Palace et de la Fondation Rodríguez Acosta dans la descente de l'Alhambra sur son versant sud. A l'époque musulmane elle s'appelait "Albunest" ou "Campo de la Lona" ; il y avait ici un cimetière, de grandes *huertas* (jardins potagers) et des jardins. Sur cette place se trouve *el Cristo de los Favores* pour lequel les Grenadins ont

En haut : *le Cristo de los Favores pour lequel les Grenadins ont une grande dévotion.*

En bas : *portail de l'église San Cecilio*

A droite : *Plaza del Campo del Príncipe où se trouve le Cristo de los favores.*

une grande dévotion ; et depuis 1682, tous les vendredis saints, ils se réunissent à cet endroit à trois heures de l'après-midi, pour la prière des "sept paroles du Christ" ("las siete palabras de Jesucristo"), lui demandant trois vœux. Il y a deux théories autour de son appellation actuelle ; la première dit que les Grenadins l'ont appelé ainsi au XVe siècle en l'honneur des noces de l'Infant Juan (seul fils des Rois Catholiques, 1871-1497) ; l'autre théorie, quant à elle, veut que ce soit en souvenir de la mort de l'Infant, lorsqu'il tomba de cheval, quelques mois après son mariage avec Marguerite d'Autriche. (Ref : *La Alhambra* Rafael Contreras -pag. 335).

Cette place est l'un des lieux les plus pittoresques de Grenade, où se rendent toujours Grenadins et touristes, attirés par les bars qui ont toujours existé à cet endroit, et où l'on sert la typique "*tapa*" grenadine.

Dans la partie haute du *Campo del Príncipe* se trouve **l'église San Cecilio**, patron de Grenade, édifice autrefois appelé "Jima Alyahud" ou "Synagogue des Juifs" bien avant l'arrivée des Arabes. A l'intérieur, on peut remarquer une "Vierge de Belén", d'Alonso de Mena, et un "San Pedro de Alcántara" de José de Mora. Tout près, dans la partie haute, se trouve **le Couvent Santa Catalina de Siena**, du XVIe siècle. Il y a également sur la placette de la "Puerta del Sol", où se situait l'ancienne porte du même nom, un **lavoir public** du XVIIe siècle, bien conservé et le seul restant à Grenade.

En haut :
l'église Santo Domingo qui donne son nom à la place. Au milieu, statue de Fray Luis de Granada.

Un autre très beau lieu du *Realejo* est **la plaza de Santo Domingo**. En son centre on peut voir une sculpture en bronze de "Frère Luis de Grenade", présidée par ce qui est sans doute le monument le plus emblématique et important du quartier, **l'église Santo Domingo**, qui fut commencée en 1512, avec sa façade gothique et les armoiries des Rois Catholiques et de Charles Quint. On distingue également les initiales "F" et "Y", de Fernando et Isabel. C'est une des rares églises qui n'a pas de clocher, mais un campanile (c'est un clocher mais avec un mur qui a des trous pour y placer les cloches). A l'intérieur on peut voir la sculpture représentant la "Cène" et la sculpture de la "Vierge au Chapelet" avec sa "petite chapelle", œuvre exubérante du Baroque.

Tout près de cet endroit se trouve **la Casa de los Girones**, de l'époque musulmane (XIIIe siècle), qui semble avoir appartenue à une sœur de Boabdil, devenant plus tard la propriété de los Téllez Girón, plus connus comme les ducs d'Osuna. Face à cette maison, on a **la Casa de los Condes de Gabia** (XIXe siècle), dans laquelle il y a actuellement une salle d'expositions.

Le Couvent de las Comendadoras de Santiago, du XVIe siècle, est aussi dans le même quartier. Il y est gardé la sculpture de la Semaine Sainte (*paso*) "La Prière dans le Jardin des Oliviers".

Dans la partie basse du Realejo, et près de Santo Domingo, se trouve le **Cuarto Real de Santo Domingo** ou **Palacio de Almanxarra**, qui était une

[1] Antequeruela car le quartier fut occupé par les Arabes qui fuyaient Antequera lorsque Ferdinand I d'Aragon, appelé "El de Antequera" (celui d'Antequera) la conquit en 1410.

huerta et résidence des rois musulmans, où ils se retiraient pendant le "Ramadan". On y remarque une arche d'entrée et sa grande salle, de 7 mètres de côté, avec de magnifiques azulejos, stucs et un grand plafond à caissons en bois. Une grande partie de ses *huertas* et jardins ont disparu. Par l'absence d'inscriptions nasrides, on suppose que cet édifice est du XIIIe siècle.

Dans la rue Pavaneras, une des artères principales du quartier, se trouve un autre de ses monuments particulièrement singuliers, **la Casa de los Tiros**. Cet édifice pittoresque appartint à la famille Rengifo, qui fut également propriétaire du *Generalife*, passant après aux mains des Granada Venegas par mariage. Actuellement, il appartient à la ville et abrite un musée. Il a une façade de style militaire, avec des mousquetons et des canons dans sa partie supérieure, qui donnent l'origine du nom **de los Tiros** (des tirs). Cinq personnages décorent la facade : Jason, Mercure, Hector, Thésée et Hercules ; et sur la porte, une épée sur un cœur, qui représente la devise de la famille Venegas : "le coeur ordonne" (*El Corazón manda*). A l'intérieur on peut remarquer la *Cuadra Dorada*, de style carolingien, dont le toit est décoré de portraits et légendes de héros et nobles espagnols. Le reste est dédié aux hommes et aux femmes célèbres de Grenade, comme Washington Irving ou Eugenia de Montijo. A côté se trouve **La Real Chancillería** (Chancellerie Royale), où jadis naquit le brillant théologien grenadin Père Suárez (1548). A cette hauteur de la rue Pavaneras s'ouvre la paisible place du même nom *Padre Suárez* où se trouve **le Palais des comtes de Villa Alegre**, aujourd'hui collège de la Mercedarias. Près d'ici, se trouve aussi *la Casa de los Marqueses de Casablanca*, du XVIe siècle.

[2] Le nom de "Pavaneras" vient du fait que dans cette rue se faisaient les "pavanas", sorte de vêtement que les femmes portaient autour du cou et sur leurs épaules.

Sur toute la page :
la Plaza del Padre Suárez.
La façade de la Casa de los Tiros où se trouve un intéressant musée.
Le plafond de la "Cuadra Dorada" dans la Casa de los Tiros.

De la Carrera del Genil au fleuve

Là se trouve la Basilique Nuestra Señora de las Angustias, patrone de la ville et très aimée des Grenadins.

Il s'agit d'un des lieux les plus traditionnels de Grenade, un des préférés des Grenadins. Ici il y a **la Basilique Nuestra Señora de las Angustias**, patronne de cette ville. Dans cette zone, qui s'appelle aujourd'hui **El Humilladero** (le Calvaire), il y avait au bout un sanctuaire dédié à sainte Ursule et sainte Suzanne, où l'on vénérait une tablette donnée par la reine Isabelle la Catholique, qui représentait "la Quinta Angustia de Nuestra Señora", œuvre de Francisco Chacón (XVe siècle). Le tableau provoqua une telle dévotion qu'en 1545 se forma une Confrérie pour lui vouer un culte. Elle prit tant d'ampleur qu'en 1567 fut construite une petite église, devenue en 1610 paroisse indépendante. Dans ce nouveau lieu on vénérait une image distincte de celle de la tablette primitive. Comme cette église était devenue trop petite, on commença en 1663 à édifier le temple actuel juste à côté de l'autre.

De sa façade ressortent deux hautes tours jumelles. La statue de la Vierge portant le corps de son fils dans la niche qu'il y a sur la porte, est l'œuvre de los Mora. L'intérieur est de style baroque. Voici ce que l'on peut remarquer d'important : les statues des douze apôtres, taillées par Duque Cornejo de 1714 à 1718, le Chœur où se trouve un retable baroque en marbre, réalisé par Marcos Fernández Raya, la chapelle, très belle est également en marbre. Enfin, la statue de *Nuestra Señora de las Angustias*, œuvre de la fin du XVIe siècle, sur laquelle on a effectué quelques transformations : on a ajouté le Christ gisant, la croix au fond, les riches habits et on a séparé les bras et les mains du corps. Cette statue parcourt en procession les rues de Grenade tous les ans, le dernier dimanche de septembre.

Sur toute la page :

Vue du fleuve Genil et des jardins du Violón. Basilique Nuestra Señora de las Angustias. Avenue de la Carrera del Genil.

Au bout de cette avenue se trouve le **Paseo del Salón,** et un peu plus loin, le **Paseo de la Bomba.** Parallèlement à ces promenades, se trouvent quelques beaux jardins surplombant le fleuve Genil. Il faut savoir que ce fleuve naît à la Sierra Nevada et entre dans la ville à cet endroit.

Le Carmen de los Mártires

En haut à gauche :
Le palais du Carmen de los Mártires construit dans la seconde moitié du XIXe siècle.

En haut à droite :
Détail de la fontaine du Jardin Français.

En bas :
L'étang du Carmen.

Le romanticisme qui se dégage de ses jardins surplombant la ville, sur la colline même de l'Alhambra, en font un lieu très spécial.

C'est un des lieux les plus idylliques que l'on puisse trouver dans cette ville, dans l'enceinte de l'Alhambra. Pour cette raison, si l'on peut et si l'on dispose d'un peu de temps, il faut le visiter. Il semblerait que son nom vienne du fait que quelques Chrétiens y furent martyrisés à l'époque de la domination musulmane. Après la conquête, les Rois Catholiques élevèrent ici un sanctuaire, puis l'Ordre des Carmélites Déchaussées y construisit un couvent dans lequel vécut et fut prêtre saint Jean de la Croix. Le cyprès qui, selon la tradition, fut planté par ce saint, et sous lequel il écrivit son œuvre "La nuit obscure de l'âme", est encore conservé dans ces jardins

Au XIXe siècle, le couvent fut détruit et la propriété passa aux mains d'une illustre famille qui construisit l'actuel petit palais. Aujourd'hui, il appartient à la Mairie de Grenade, qui a réhabilité ses jardins. Le romantisme qu'inspire ce lieu, situé sur les hauteurs de la ville, sur la même colline que l'Alhambra, mérite sans aucun doute le détour.

Musées et Maisons-Musée

Le Musée des Beaux-Arts de Grenade : situé dans la partie haute du Palais de Charles Quint (Alhambra), le musée des beaux-arts abrite une importante collection de peintures et de sculptures allant du XVIe siècle à l'avant-garde du début du XXe siècle. La partie la plus remarquable est centrée sur des auteurs de "l'école grenadine"

Le Musée de l'Alhambra : il est au rez-de-chaussée du Palais de Charles Quint (Alhambra). Sa visite est indispensable pour tous ceux qui souhaitent avoir une meilleure connaissance de l'Alhambra et des différentes étapes de l'art hispano-musulman, et surtout de l'époque nasride.

Le Musée Archéologique : il se trouve dans le Palais ou *Casa Castril,* au 41 de la rue Carrera del Darro, dans la partie basse de l'Albaicin. L'importance de son fonds, avec des pièces allant du Paléolithique à la période Nasride, permet de connaître les différentes cultures qui se sont succédé dans la province de Grenade.

Le Musée Casa de los Tiros : très central, dans le quartier typique du Realejo, au 19 de la rue Pavaneras, il tient son nom du bâtiment du XVIe siècle qui l'abrite. C'est un musée difficile à classer de par la diversité de son fonds. Il possède plusieurs salles avec des collections très intéressantes sur des thèmes locaux : le paysage, l'orientalisme, les voyageurs, les arts industriels et la peinture de moeurs.

Le Musée de la Fondation Rodríguez Acosta : le Musée et la Fondation ont leur siège dans le *carmen* construit entre 1916 et 1930 par José María Rodríguez Acosta, grand peintre grenadin, (1878-1947) né au sein d'une célèbre famille de banquiers. Ce Carmen est situé au n°8 de la petite ruelle Callejón Niños del Royo. L'édifice et les jardins constituent l'un des lieux les plus beaux et les plus singuliers de la ville, très près de l'Alhambra. L'importante collection d'objets et oeuvres d'art de la fondation s'est diversifiée avec l'incorporation de l'Institut Gómez Moreno qui communique par ses jardins avec le musée Rodríquez Acosta. Fondation et Institut permettent d'apprécier des collections d'une très grande valeur, que ce soit en archéologie, peinture, sculptures, ...

La Maison-Musée Manuel de Falla : situé 11 rue Antequeruela Alta, c'est un paisible *carmen* où vécut ce musicien et compositeur espagnol universellement connu. Il y vécut de 1921 à 1939, année où il dut abandonner l'Espagne pour ne plus jamais y revenir. La maison et ses objets personnels ont pu être conservés tel que l'artiste les avait laissés. La maison possède également une importante collection de documents et d'objets personnels.

Les Maisons-Musée de Federico García Lorca : Grenade est un passage obligatoire pour tous ceux qui désirent connaître l'environnement où vécut ce poète et dramaturge grenadin de renommée internationale. A Fuente Vaqueros, à quelques kilomètres de Grenade, au coeur de *la Vega,* se trouve ***la Maison Natale de Federico García Lorca,*** son premier paysage, avec une importante collection de manuscrits, lettres, dessins et autres documents. Dans le Parc Federico García Lorca à Grenade se trouve la ***Casa Museo de la Huerta de San Vicente,*** propriété de la famille du poète où il passa les années de 1926 à 1936, année de sa mort. La maison est conservée comme à l'époque où la famille l'habitait, des pièces ont été aménagées pour y exposer des dessins, des manuscrits et des photographies du poète.

Le Centre d'art José Guerrero : situé rue Oficios, au coeur de la ville, il a été conçu pour conserver et diffuser l'oeuvre de José Guerrero (1914 - 1999), peintre grenadin dont l'oeuvre fait partie des plus importants musées espagnols d'art contemporain. Mais il est également et surtout, utilisé comme centre d'expositions et de divulgation des oeuvres d'artistes contemporains et d'avant-garde, tant grenadins qu'internationaux.

Le Parc des Sciences : situé Avenida del Mediterráneo, ce Musée des Sciences interactif, permet au visiteur de réaliser des expériences à partir de différents phénomènes physiques dans les salles *Biosfera, Percepción, Planetario, Explora* et *Eurêka.* Il offre également d'intéressantes expositions thématiques tout au long de l'année.

Musées et Maisons-Musée

La Province

La province de Grenade:
un "petit continent" à découvrir

La province de Grenade est, de par son héritage historique, son abondance en paysages et sa diversité climatique (on y trouve cinq microclimats différents), un "continent miniature". Sur à peine 13 000 kilomètres carrés et en moins de deux heures, on peut passer de 3 000 mètres d'altitude avec la neige et le climat alpin de la **Sierra Nevada**, au climat subtropical et chaud des plages de son littoral côtier. Du paysage montagnard et verdoyant des villages de **l'Alpujarra** au climat désertique et presque lunaire des régions de **Guadix** et de **l'Altiplano**. Beaucoup de villages de la province conservent des restes architectoniques de leur passé arabe et de la reconstruction colonisatrice que réalisèrent les Chrétiens après la conquête, comme en témoigne le **Poniente Granadino**, dernière frontière du royaume nasride de Grenade. La beauté de ses environs, qui comptent cinq parcs naturels dont l'un (celui de la Sierra Nevada), est également Parc National, ainsi que les petits villages ruraux, font de cette province la destination préférée des amoureux de la nature et du tourisme rural.

Les dernières pages de ce livre se veulent une approche de tous ces endroits pour une meilleure découverte, si l'on dispose de temps. En effet, en marge de l'Alhambra, de la Cathédrale ou de tant d'autres recoins de cette belle ville, la province de Grenade est, en elle-même, un endroit de rêve.

L'Alpujarra

La beauté des paysages, l'architecture si particulière de ses villages et ses légendes ont attiré des voyageurs de partout qui en ont fait une région universelle.

C'est la région rurale par excellence de la province de Grenade, dont une partie s'étend sur la province d'Almería. Située sur le versant sud de la Sierra Nevada, elle est intégrée, dans sa majeure partie, dans son Parc Naturel. Une vaste région formée de trente-deux communes et qui, par la particularité de son architecture, ses paysages et son héritage historique, constitue l'endroit le plus pittoresque de toute la province, et sur lequel on a le plus écrit.

S'il y a quelque chose qui distingue l'Alpujarra, c'est bien la particularité de son paysage que lui confère l'architecture de ses villages : maisons blanchies à la chaux, et comme suspendues en terrasse sur le versant de la montagne. Leurs toits plats typiques sont faits d'ardoise et de *launa* et présentent d'innombrables cheminées blanches. La *launa* est une terre imperméable de cette région, utilisée pour la construction des maisons. Qu'ils soient touristiques ou non, tous les villages se ressemblent par leurs quartiers les plus anciens. Ruelles en pierre et en pente raide traversées par des *tinaos* (auvents) aux poutres en bois, aussi des balcons recouverts de fleurs et un panorama surprenant à chaque coin de rue.

Sur toute la page :
- Les villages de Bubión et Capileira, dans le ravin El Barranco de Poqueira.
- Cheminées typiques de l'Alpujarra. - Balcon fleuri à Capileira.
- Typique façade blanchie à la chaux à Capileira.

Sur toute la page :
- Trevélez, le village le plus haut d'Espagne.
- Les couleurs de l'automne. - La rivière de Trevélez.
- Les vergers de l'Alpujarra en automne.
- Fuente Agria, dans le village de Pórtugos.

Cette forme de construction est la trace la plus latente du passé musulman de ces villages. Les Musulmans habitèrent ces terres, pas seulement pendant les huit siècles avant la conquête chrétienne mais également pendant près d'un siècle après celle-ci. Lorsque les Rois Catholiques prirent Grenade, de nombreux Mauresques se réfugièrent là, à l'abri de ces hautes montagnes, participant des années plus tard à une révolte acharnée contre les Chrétiens, la "Guerre des Alpujarras" (1568-1571). Après la guerre, sous le règne de Philippe III, les Mauresques furent expulsés pour toujours et ces terres se dépeuplèrent.

En venant de Grenade, l'accès se fait par l'autoroute de la côte (A-44, direction Motril), puis la sortie qui est indiquée vers l'Alpujarra. Nous ne ferons référence, dans cette page, qu'aux lieux les plus connus, même si le mieux est, si l'on dispose de plus d'une journée, de pénétrer ces terres et de découvrir les autres lieux moins touristiques, pour lesquels il semble que le temps se soit arrêté. Le premier village par lequel nous passerons est **Lanjarón**, porte naturelle de l'Alpujarra, célèbre pour ses thermes et ses eaux médicinales, et avec d'excellentes infrastructures. L'endroit par excellence (et le plus connu de toutes les Alpujarras) est le **Barranco de Poqueira** (le Ravin de Poqueira), avec les trois villages les mieux conservés accrochés à ses versants, avec de nombreux logements et gîtes ruraux : **Pampaneira**, **Bubión** et **Capileira**. Les autres villages tout proches qu'il faudrait visiter sont **Medina-Fondales**, **Ferreirola**, **Atalveitar** ou **Pórtugos**, ce dernier étant connu pour sa source d'eau ferrugineuse (Fuente agria). On ne doit pas quitter l'Alpujarra sans aller à Trevélez, le village le plus haut d'Espagne. Célèbre pour

ses jambons, c'est également l'un des villages les plus visités, qui dispose des meilleurs logements et restaurants.

Si l'on dispose de plus d'une journée, il faut aller au-delà de Trevélez et découvrir les autres villages qui apparaissent disséminés à flanc de montagne et par lesquels passe la route : **Juviles, Bérchules, Mecina Bombarón**... Plus loin encore se trouve la **Sierra de la Contraviesa**, plus méridionale et proche de la côte. Ici, le paysage change complètement, avec des versants couverts d'amandiers et de vignes produisant le vin de cette région. Les villages de la Contraviesa sont peut-être les moins connus.

La première fois que l'on vient à l'Alpujarra, on a la sensation d'être dans un lieu où il faut revenir. La beauté de ses paysages, ses villages, les coutumes et la manière de vivre de ses habitants en font un endroit qui reste pur et imperméable au passage des années.

Sur toute la page :
Différentes vues de l'Alpujarra où l'on peut apprécier l'architecture pittoresque héritée du passé arabe de cette région.

La Sierra Nevada

Dans cette montagne se trouvent les sommets les plus hauts de la Péninsule Ibérique, avec 16 pics qui dépassent les 3000 mètres d'altitude.

Le Parc National de Sierra Nevada s'étend en grande partie sur la province de Grenade, et dans une moindre mesure sur celle d'Almeria. Cette sierra possède les sommets les plus hauts de la Péninsule Ibérique avec seize pics de plus de 3000 mètres d'altitude. Les plus connus sont **le Mulhacén**, le point culminant de la péninsule à 3482 m. d'altitude, **le Veleta** (3396 m.) et **l'Alcazaba** (3364 m.). En 1986, elle a été déclarée Réserve de la Biosphère grâce à la richesse de sa faune et de sa flore. Par ailleurs, elle a été déclarée Parc Naturel en 1989 et Parc National en 1999.

La Sierra Nevada est connue pour sa **station de ski**, la plus méridionale d'Europe, et que beaucoup considèrent comme la meilleure d'Espagne. En effet, la situation exceptionnelle de cette station lui apporte un ensemble de qualités avec lesquelles il est très difficile de rivaliser : à 30 Km de Grenade, une des villes d'Europe possédant une très grande richesse monumentale, et à 100 Km de la côte, ce qui nous permet de passer de la neige à la mer en moins de deux heures. Cette situation particulièrement méridionale associée à son altitude en font

Sur toute la page :
- Le Pic du veleta (3396 m.).- Versant nord de la Sierra Nevada.
- Chamois. - Primevère jaune (espèce endémique).
- Merle à plastron.

la station ayant le plus de jours de soleil de toute l'Europe et une des saisons de ski les plus longues, de fin novembre à début mai. C'est également une station exceptionnelle de par ses infrastructures, la qualité de ses pistes, ses remontées mécaniques, ses logements et lieux de loisirs. En plus de son climat privilégié, ce qui différencie la Sierra Nevada du reste des stations, surtout pour les jeunes, c'est son ambiance de loisirs : bars et restaurants avec des terrasses pleines de skieurs et visiteurs en train de bronzer, magasins de toutes sortes, pubs et discothèques où la nuit se prolonge jusqu'à l'aube.

Sur toute la page :
- Les Tajos de la Virgen.
- Paysage de moyenne montagne avec l'Alcazaba au fond.
- Vue générale de la station de ski,avec en haut le Pic du Veleta, emblème de cette montagne.

Sur toute la page :
- Coucher du soleil sur la Boca de la Pescá.
- L'Alcazaba (3364 m.)
et le Mulhacén (3482 m.)
- Le Cortijo de Hornillo
- Endémisme entre les rochers
en haute montagne
- Gentiane verne.

Cependant, le meilleur de la Sierra Nevada est sa beauté et la diversité de ses paysages. La variété climatique et les différences d'altitude du parc donnent des paysages allant du vert des arbres de la basse et moyenne montagne, à la végétation basse et alpine avec des massifs couverts d'ardoise et de lande basse de la haute montagne. Les conditions climatiques particulières permettent la présence de 60 espèces végétales endémiques (c'est-à-dire uniques et exclusives de cette zone), la majorité se trouve sur les parties les plus élevées. Des 8000 espèces recensées dans toute la Péninsule, il en existe 2100 à Sierra Nevada. La faune du massif est également très variée : plus de 60 espèces d'oiseaux, allant du vautour fauve à l'aigle royal pour les plus grands, et accenteur alpin, le merle à plastron ou le monticole de roche pour les plus petits. Chez les mammifères, on trouve des campagnols,

Sur toute la page :
- Chevaux dans le Barranco de San Juan.
- La lagune de la Mosca.
- Différentes photos de l'automne sur la rivière.
- La rivière Genil en basse montagne.

renards, belettes, blaireaux et le roi de ces sommets, le bouquetin.

Au printemps et en été, avec le dégel, la neige disparaît des sommets les plus élevés, les vallées se remplissent de cascades et de nombreux petits lacs apparaissent : Río Seco, la Mosca, Vacares, Aguas Verdes, la Caldera... Des prairies vertes couvertes de "borreguiles" (pelouses humides d'altitude) et de petites fleurs de toutes les couleurs apparaissent également. C'est à la fin du printemps et pendant les mois d'été, qu'il vaut mieux parcourir cette partie élevée de la sierra. De plus, le versant sud ne présente pas de grandes pentes, ce qui permet une ascension progressive et aisée. La face nord est beaucoup plus abrupte et escarpée. En été, quelques logements de la station de ski restent ouverts, mais il y a aussi des campings et des hôtels ruraux dans les villages des alentours. La tranquillité des lieux, la douceur du climat et la beauté de ces sommets, sans neige en été, en font un endroit privilégié pour la pratique de la randonnée, des sports et activités de loisirs en rapport avec la nature.

La Côte de Grenade

Connue comme la Côte Tropicale, dans son paysage se succèdent les plages très fréquentées et les plages beaucoup plus tranquilles et solitaires.

La province de Grenade possède plus de 100 Km de littoral côtier, situés entre la Côte de Malaga et celle d'Almeria. Elle est connue sous le nom de **Côte Tropicale** en raison de son microclimat spécial : avec plus de 300 jours de soleil par an et une température moyenne annuelle de 20 degrés, c'est le lieu idéal pour la culture de fruits et produits tropicaux. Son paysage présente d'une part, les plages agitées et surchargées des localités les plus touristiques et d'autre part des plages plus tranquilles et solitaires. L'accès depuis Grenade se fait par l'autoroute A44, en direction de Motril, à 70 kilomètres environ.

Parmi les localités les plus touristiques et connues, il faut souligner : *Almuñecar, Salobreña* et *Motril.* **Almuñecar** fut fondée par les Phéniciens, qui l'appelèrent Sexi. Elle fut également habitée par les Romains et les Arabes. Ses plages sont les plus fréquentées et touristiques de toute la côte. Le quartier ancien du village est dominé par le Château San Miguel, forteresse arabe transformée au XVIe siècle. A côté

Sur toute la page :
- Falaises de la Côte de Grenade. - Bateaux dans le port de Marina del Este.
- Pêcheurs qui reviennent sur la plage. - Baie de la Herradura.
- Plage de Velilla. - Promenade de Cotobro.

d'Almuñecar, sur la même commune, se trouve la petite localité de **La Herradura**, enclavée au bord d'une jolie baie. Elle possède des fonds marins parmi les plus propres et les plus riches de toute la côte méditerranéenne. **Salobreña**, également fondée par les Phéniciens qui l'appelèrent Salambina, est un village marin de carte postale : une petite colline couverte de maisons blanches, couronnée par un château, émergeant au-dessus des cultures vertes de la plaine qui l'entoure. Sa forteresse arabe, du XIIIe siècle, était utilisée par les rois nasrides comme résidence d'été, mais aussi comme prison où étaient enfermés les membres de la famille royale tombés en disgrâce ou détrônés. **Motril** est la deuxième ville de la province en nombre d'habitants, avec le port de pêche et de commerce le plus important de toute la côte grenadine.

A l'est de Motril se trouvent les villages de la *Côte Tropicale Orientale* : **Castell del Ferro, Castillo de los Baños, la Mamola, Melicena ou la Rabita**, petits villages aux plages et criques beaucoup plus tranquilles et solitaires, dominés par les vestiges de châteaux et de tours. Les Musulmans dressèrent ce type de constructions militaires tout au long du littoral d'Al-Andalus, pour repousser les tribus et peuples provenant d'Afrique du Nord qui voulaient leurs terres. Pour terminer ce bref passage, il ne faut pas oublier de mentionner d'autres villages de l'intérieur, tout proches de la côte, mais qui conservent le charme et la tranquillité des montagnes qui les entourent : **Molvizar, Itrabo, Jete, Otivar, etc**.

Sur toute la page :
- Salobreña avec son château tout en haut, entourée d'une plaine particulièrement fertile
- Récolte de la canne à sucre, une des cultures tropicales de cette région.
- Eaux cristalines de la plage de la Herradura.
- Vue générale d'Almuñecar, la ville la plus touristique de toute la côte de Grenade.

L'Ouest Grenadin, "Poniente Granadino"

Connues comme la "dernière frontière d'Al-andalus", ces terres furent la zone frontalière qui démarquait les territoires dominés par les Chrétiens et le royaume nasride de Grenade.

Sur toute la page :
- Vue panoramique de Montefrío, un des villages les plus beaux de l'Andalousie.
- Montefrío, et au premier plan l'église circulaire la Encarnación.
- Champs de céréales dans la région El Poniente.

Il se trouve dans la partie la plus occidentale de la province, aux limites des provinces de Malaga, Cordoue et Jaén. Ces terres constituaient la zone frontalière qui démarquait les territoires dominés par les Chrétiens et le royaume nasride de Grenade, déjà dans les dernières années de son existence. En tant que "dernière frontière d'Al-Andalus", les populations de l'ouest eurent une identité propre, elles habitaient dans des lieux élevés autour d'un château (ou *atayala*), dans des positions stratégiques pour la défense du royaume et avec de nombreuses marques d'architecture militaire.

Moclín, **Íllora**, **Montefrío**, **Zafra**, **Loja** et **Alhama de Granada** sont certainement les villages qui abritent le plus grand nombre et les meilleurs vestiges monumentaux de ce passé historique. Cependant, la richesse monumentale n'est pas le seul aspect qui rende cette région attrayante, la beauté du paysage que nous trouvons en parcourant les tranquilles routes secondaires reliant les villages les uns aux autres, constitue aussi un élément im-

portant. Des champs soigneusement cultivés, des étendues d'oliviers et de céréales témoignent de la vie rurale et mesurée qui se vit dans ces terres.

Il existe deux itinéraires, chacun à moins d'une heure de Grenade, qui reflètent très bien la richesse naturelle et monumentale de cette "dernière frontière d'Al-Andalus". Le premier, direction Cordoue, nous conduit à **Montefrío**, l'un des villages les plus beaux d'Andalousie. Il est couronné par l'Église de la *Villa*, œuvre de Diego de Siloé (XVIe siècle) que les Rois Catholiques firent construire sur les restes de l'ancienne forteresse arabe. Il possède aussi d'autres monuments d'intérêt : l'église *la Encarnación* connue pour être totalement circulaire (XVIIIe siècle) et l'église du Couvent Saint-Antoine (XVIIIe siècle). En plus de ce village, il serait intéressant de pouvoir visiter d'autres villages voisins comme **Moclin**, **Íllora** ou **Zafra** qui possèdent tous des vestiges d'anciens châteaux.

Le deuxième itinéraire (direction de Malaga) nous mène à **Alhama de Granada**, perché sur un spectaculaire précipice. Connu pour ses thermes que les Arabes utilisaient déjà depuis le XIIe siècle, ce village possède une importante richesse artistique : les églises *la Encarnación* et *el Carmen* (XV-XVIe siècle) ; la Maison de l'Inquisition. Le *Pósito*, synagogue juive jusqu'au XIIIe siècle et silo à grains à l'époque médiévale ; ou l'Hôpital de la Reine (XVe siècle).

Sur toute la page :
- Le Château de Moclín tout en haut du village.
- Champ labouré, entre Moclín et Montefrío.
- Détail d'un champ de blé.
- Restes de la muraille du Château de Moclín.
- Alhama de Granada avec ses maisons suspendues sur le Tajo (ravin taillé à pic).

Les régions de Guadix et l'Altiplano (plateau)

Terre de contrastes, au nord-est de la province, où se mélange le paysage aride et désertique aux plaines fertiles entourées de montagnes.

Il s'agit d'une plaine très étendue qui occupe le nord-est de la province de Grenade, terre de grands contrastes, où se mélange le paysage aride et désertique aux plaines fertiles et aux montagnes qui l'entourent. Cette vaste zone est constituée par deux grandes régions : "**la région de Guadix et le Marquesado del Zenete**" et "**celle de l'Altiplano**". La composition argileuse de la majeure partie du terrain a favorisé l'existence de la maison-troglodyte, logement typique de cette zone. Actuellement, beaucoup sont utilisées comme gîtes ruraux.

La première de ces régions a comme chef-lieu la ville de **Guadix**, la deuxième ville de la province pour ses monuments. Parmi les monuments les plus importants, il faut citer : l'Alcazaba de l'époque musulmane (X-XIe siècle) ; la Cathédrale,

symbole de la ville, construite sur les vestiges de la grande mosquée, avec des éléments architectoniques de style gothique, Renaissance et baroque. Il y a également un bel ensemble d'églises et de maisons seigneuriales. La place de la Constitution (XVI-XVIIe siècle), déclarée ensemble historico-artistique, mérite une mention particulière. Dans cette même région de Guadix et du Marquesado del Zenete se trouve un autre monument important, le château de La Calahorra, construction du début du XVe siècle combinant un aspect extérieur de forteresse militaire avec un style Renaissance soigné à l'intérieur. Il peut se visiter en prenant contact avec la famille qui s'en occupe, c'est une propriété privée.

Baza est le chef-lieu de la région de l'Altiplano située au nord-est de la province. Parmi ses monuments, il faut souligner les Bains du Quartier Juif et l'Alcazaba, monuments arabes ; la Cathédrale Santa María de la Encarnación, de style gothique tardif, des églises comme celles de la Merced, de Santiago, et de la Presentación ; les couvents Santo Domingo ou San Jerónimo et le Palais d'Enriquez. Un des plus grands atouts de cette région est sa richesse naturelle et la beauté des sierras qui l'entourent : la **Sierra de Baza** et celle de **Castril** (parcs naturels), celle de **la Sagra** et celle d'**Orce**, excellent lieu pour la randonnée et le tourisme rural. Leurs rivières et végétation contrastent avec le paysage aride de la plaine sur laquelle se trouvait, il y a des millions d'années, un immense lac.

Sur toute la page :
- Paysage argileux et aride autour de Guadix.
- Cheminée d'une des grottes
- Amendiers en fleurs dans la région du Marquesado avec la Sierra Nevada au fond.
- Le Pantano du Negratín (lac de barrage), un des plus grands d'Andalousie.
- Maison-troglodyte, construction la plus typique et caractéristique de cette région.
- Le château de la Calahorra.
- La Cathédrale de Guadix, symbole de cette ville, construite sur les restes de la Grande-Mosquée.

Bibliographie

UN PEU D'HISTOIRE

- Gallego Burín, Antonio. *Guía Artística e Histórica de la Ciudad.* (Fundación Rodríguez Acosta 1961).
- Bosque Maurel, J. *Geografía urbana de Granada.* (Editorial Universidad de Granada 1988).

L'ALHAMBRA

- Gallego Burín, Antonio. *Guía Artística e histórica de la Ciudad.* (Fundación Rodríguez Acosta 1961).
- Bermúdez Pareja, Jesús. *Palacio de Comares y Leones.* (Cuadernos de la Caja de Ahorros de Granada, núm. 12. 1972).
- Bermúdez Pareja, Jesús. *Alcazaba y Torres de la Alhambra* (Cuadernos de la Caja de Ahorros de Granada, núm 10. 1972).
- Bermúdez Pareja, Jesús. *El Partal y la Alhambra Alta* (Cuadernos de la Caja de Ahorros de Granada, núm. 46. 1977).
- Bermúdez Pareja, Jesús. *El Generalife* (Cuadernos de la Caja de Ahorros de Granada, núm. 30. 1974).
- Prieto Moreno, Francisco. *El Jardín Hispanomusulmán* (Cuadernos de la Caja de Ahorros de Granada, núm. 33. 1975).
- Seco Lucena Paredes, Luís. *Cercas y Puertas Árabes de Granada* (Cuadernos de la Caja de Ahorros de Granada, núm. 29. 1974) .
- Bermúdez Pareja, Jesús. *El Generalife y las Torres* (Forma y Color. 1969).
- García Gómez, Emilio y Bermúdez Pareja, Jesús. La Alhambra: *La Casa Real* (Forma y Color. 1967).
- Contreras, Rafael. *Étude Descriptive des Monuments Arabes de Grenade, Seville et Cordoue* (1889).
- Ibn Luyun. Traducción de Eguaras Ibáñez, Joaquina. *Tratado de Agricultura* (Patronato de la Alhambra. Granada. 1975).
- Ladero Quesada, Miguel Ángel. *Granada. Historia de un País Islámico. 1232-1571.* (Editorial Gredos. 1979).
- Olivares Pérez, Rogelio. *The Alhambra of Granada.* (Madrid-1949).
- Irving, Washington. *Cuentos de la Alhambra.* (Ediciones Miguel Sánchez. 1976).
- Burckhardt, Titus. Traducción de Kuhne Brabant, Rosa. (Alianza Editorial. 1977).
- Seco de Lucena Paredes, Luís. *La Granada Nazarí del siglo XV.* (Patronato de la Alhambra. 1975).
- Seco de Lucena Paredes, Luís. *El Libro de la Alhambra. Historia de los Sultanes de Granada.* (Editorial Everest. 1975).
- Bermúdez Pareja, Jesús. *La Fuente de los Leones* (Cuadernos de la Alhambra, núm. 3. Patronato de la Alhambra 1967).
- Bermúdez Pareja, Jesús, *El Baño del Palacio de Comares, en la Alhambra de Granada. Disposición primitiva y alteraciones* (Cuadernos de la Alhambra, núm. 10-11. Patronato de la Alhambra. 1974).
- Gómez Moreno, Manuel. Textos de Gómez *Moreno sobre la Alhambra musulmana. El Carmen de la Mezquita en la Alhambra. El Convento de San Francisco en la Alhambra. La catástrofe de la Alhambra: el incendio de la Casa Real. La vida en la Alhambra. Granada árabe: el orientalismo español. El arte islámico en España y en el Magreb.* (Cuadernos de la Alhambra, núm. 6. Patronato de la Alhambra. 1970).
- Pavón Maldonado, Basilio. *La Alcazaba de la Alhambra* (Cuadernos de la Alhambra, núm. 7. Patronato de la Alhambra. 1971).
- Cabanelas Rodríguez, Darío. *La antigua policromía del techo de Comares* (Cuadernos de la Alhambra, núm. 8. Patronato de la Alhambra 1972).
- Papadopoulo, Alexandre. *El Islam y el arte musulmán.* (Editorial Gustavo Gili. 1977).
- Levi-Provençal, E. *Instituciones y vida social e intelectual en la España Musulmana* (Historia de España. Espasa Calpe, tomo 5. 1973).
- Levi-Provençal, E. *La Civilización árabe en España* (Colección Austral, núm. 1161. Espasa Calpe. 1969).
- Bermúdez Pareja, Jesús. *El Palacio de Carlos V* (Forma y Color. 1971).
- Villa-Real, Ricardo. *Historia de Granada.* (Ediciones Miguel Sánchez. 2003).
- Orihuela Uzal, Antonio. *Casas y Palacios Nazaríes siglos XIII-XV.* (Lunwerg Editores. 1996).
- Barrucand, Marianne y Bednorz, Achim. *Arquitectura islámica en Andalucía.* (Editorial Taschen. 1992).
- Creus, Jesús. *Así vivían en Al-Ándalus.*
- Torres Balbas, Leopoldo. *La Alhambra y el Generalife de Granada.* (Editorial Plus Ultra).

MONOGRAPHIES

- Burckhard, Titus. *Alquimia.* (Editorial Plaza y Janés).
- Burckhardt, Titus. Traducción de Kuhne Brabant, Rosa. *La Civilización Hispano Árabe.* (Alianza Editorial. 1977).
- Papadopoulo, Alexandre. *El Islam y el arte musulmán.* (Editorial Gustavo Gili. 1977).
- Gube, Ernest. J. y otros. Versión Española de Aguade, Jorge y del Castillo, Beatriz. *La arquitectura del Mundo Islámico.* (Alianza Editorial. 1985).
- Clévenot, Dominique. *Ornamentación del Islam.* (Ediciones Encuentro. 2000).
- Grabar, Oleg. *La Alhambra: Iconografía, formas y valores.* (Alianza Editorial. 1980).

L'ALBAICÍN

– Pozo Figueroa, Gabriel. *Albayzín-solar de reyes.* (Colección Granada y sus Barrios. Caja General de Ahorros de Granada. 1999).
– Gallego Burín, Antonio. *Granada. Guía Artística e Histórica de la ciudad.* (Fundación Rodríguez Acosta.1961).
– Antequera, Marino. *Unos días en Granada.* (Ediciones Miguel Sánchez. 1987).
– Gómez Moreno, Manuel. *Guía de Granada.* (Universidad de Granada. 1998).
– Molina Fajardo, Eduardo. *Sacromonte Gitano I* (Cuadernos de la Caja de Ahorros núm. 8).
– Seco de Lucena, Luis. *Plano de la Granada Árabe.* (Editorial D. Quijote. 1982).

LA CTHÉDRALE ET SES ENVIRONS

– Gallego Burín, Antonio. *Granada. Guía Artística e Histórica de la Ciudad.*
– Antequera, Marino. *Unos días en Granada.* (Ediciones Miguel Sánchez. 1987).
– Pita Andrade, José Manuel. *Capilla Real y Catedral de Granada* (Editorial Everest. 1978).
– Reyes Martínez, Manuel. *Guía de la Catedral de Granada.* (Encuadernaciones San Antonio. 1974).
– Reyes Ruiz, Manuel. *Capilla Real de Granada. Guía para la visita.* (Edita Capilla Real. 2004).
– Manuel Pita Andrade, José Manuel. *Capilla Real de Granada* (Cuadernos de la Caja de Ahorros de Granada, núm. 11).
– Pita Andrade, José Manuel (coordinador). *El libro de la Capilla Real.* (Cabildo de la Capilla Real. 1994).
– Orozco Díaz, Emilio. *La vida de la Virgen de Alonso Cano en la Catedral de Granada.* (Cuadernos de la Caja de Ahorros, núm. 44).
– García, Juan Alfonso. *Iconografía Mariana en la Catedral de Granada.* (Cabildo de la Catedral. 1988).
– Garzón Pareja, Manuel. *Una dependencia de la Alhambra: La Alcaicería.* (Cuadernos de la Alhambra, núm. 8. Patronato de la Alhambra. 1972).

MONOGRAPHIES

– Wethey, Harold E. *Alonso Cano, pintor, escultor, arquitecto.* (Alianza Editorial, colección Alianza Forma, núm. 35. 1983).
– Autores varios. *Centenario de Alonso Cano en Granada. Estudios.* (Editorial Anel. 1969).
– Autores varios. Centenario de Alonso Cano Catálogo de la Exposición. (Editorial Anel. 1970).
– Autores varios. *Enciclopedia del Arte Garzanti-Alonso Cano, pag. 169-170.* (Ediciones B. 1991).
– Moreno Echevarría, José María. *Fernando el Católico.* (Editorial Plaza y Janés, colección Varia. 1981).
– Pérez Bustamante, C. *Compendio de Historia de España.* (Ediciones Atalas. 1949).
– Aguado Bleye, Pedro. *Manual de Historia de España, tomo II, capítulo III.* (Editorial Espasa Calpe. 1964).

DU MONASTÈRE DE LA CARTUJA A SAN JERÓNIMO

– Gallego Burín, Antonio. *Granada. Guía Artística e Histórica de la Ciudad.* (Fundación Rodríguez Acosta. 1961).
– Antequera, Marino. *Unos días en Granada.* (Ediciones Miguel Sánchez. 1987).
– Orozco Díaz, Emilio. *La Cartuja de Granada* (Editorial Everest. 1983).
– Orozco Díaz, Emilio. *La Cartuja de Granada: Iglesia y Monasterio* (Cuadernos de la Caja de Ahorros, núm. 17.
– Orozco Díaz, Emilio. *La Cartuja de Granada: El Sagrario* (Cuadernos de la Caja de Ahorros, núm.14).
– Orozco Díaz, Emilio. *La Cartuja de Granada: La Sacristía* (Cuadernos de la Caja de Ahorros, núm. 21).
– Colina Munguía, Saturnino. *El Monasterio de San Jerónimo de Granada* (Editorial Everest. 1986).
– Isla Mingorance, Encarnación. *Hospital y Basílica de San Juan de Dios* (Editorial Everest. 1989).
– Fernández Lubelza, Concepción. *El Hospital Real* (Cuadernos de la Caja de Ahorros, núm. 23).

MONOGRAPHIES

– Serrou, Robert y Vals, Pierre. *El desierto de la Cartuja. La Vida Solitaria de los Cartujos.* (Ediciones Studium. 1961).
– Lockhardt, Bruce. *El Camino de la Cartuja.* (Editorial Verbo Divino. 1986).
– Un cartujo. *Maestro Bruno padre de monjes.* (Biblioteca de Autores Cristianos. 1980).
Moreno Echevarría, José María. *Fernando el Católico.* (Editorial Plaza y Janés, colección Varia. 1981).
– Pérez Bustamante, C. *Compendio de Historia de España.* (Ediciones Atalas. 1949)
– Aguado Bleye, Pedro. *Manual de Historia de España, tomo II, capítulo III.* (Editorial Espasa Calpe. 1964).
– Davillier, Caharles. *Viaje por España, capítulo XXII.* (Ediciones Castilla. 1957).

AUTRES COINS ET PROMENADES

– Gallego Burín, Antonio. *Granada. Guía Artística e Histórica de la Ciudad.* (Fundación Rodríguez Acosta. 1961).
– Orozco Días, Manuel y de Bobadilla Campos, Fernando F. *Carmen de los Mártires.*
– Antequera, Marino. *La Virgen de las Angustias.*
– Serrano Aguilera, Manuel y Serrano Ruiz, Manuel. *La Basílica de la Virgen de las Angustias.*
– Gallego Morell, Antonio. *Casa de los Tiros* (Cuadernos de la Caja de Ahorros, núm. 3).

LA PROVINCE

– *Páginas web de Ideal Comunicación Digital.*
– *Folletos informativos del Patronato Provincial de Turismo de Granada.*

Photographies

Ángel Sánchez

La majorité des photographies sauf celles qui correspondent aux auteurs et archives suivants :

Archives Editions Miguel Sánchez

Page 6 :
La Reddition de Grenade.
Page 70 :
Mirador de Lindaraja.
Page 71 : (en haut à gauche)
Détail d'une peinture du Boudoir de la Reine.
Page 73 : (à droite)
Bain du Roi.
Page 186 : (en haut)
Retable avec des tableaux de Sanchez Cotán.

Miguel Sánchez

Page 42 :
Détail des colonnes de la Cour des Lions.
Page 52 : (en haut à gauche)
Détail d'une des niches de l'entrée de la Salle de la Barca.
Page 58 :
Détail de quelques alcôves de la Salle des Ambassadeurs.
Page 64 : (en bas)
Détail de la Salle des Mouqarnas
Page 65 : (à gauche)
Salle des Abencérages.
Page 67 : (en bas)
Peintures de la Salle des Rois.
Page 68 : (à droite)
Détail des mouqarnas de la Salle des Deux Sœurs.
Page 69 :
Plafond de la Salle des Sœurs.
Page 73 :
Détail des stucs de la Salle du Repos et du Bain du Roi.
Page 75 : (en haut)
Salle du Repos.
Page 111 :
Bains du Bañuelo.
Page 118 : (en bas)
Christ de la Miséricorde.
Page 159 : (en haut à gauche)
Motif central de la Grille Principale.
Page 185 : (à droite)
Vision du Beato Ford.

Page 202 :
Vue générale de la Nef depuis le Maître-Autel.

Archives de la Chapelle Royale, du Musée des Beaux Arts de Cadix et de la Diputación Provincial de Granada (Conseil Général de Grenade).

Page 141 :
Portrait d'Alonso Cano
Archives du Musée des Beaux Arts de Cadix.
Page 165 : (en bas)
Le sceptre de la Reine, l'épée du Roi, la couronne de la Reine et le coffre à bijoux de la Reine.
Archives de la Chapelle Royale.
Page 212 :
(Page de titre du chapitre Autres Coins et Chemins. Une photographie). Intérieur du Musée José Guerrero.
Archives de la Diputación Provincial de Granada.

Javier Algarra

Page 48: (en haut)
Détail des murs de la Salle du Mexuar.
Page 48-49 : (à droite)
Salle du Mexuar.
Page 54-55 : (en haut)
Vue générale de la Cour des Myrtes.
Page 56-57 : (à droite)
Salle des Ambassadeurs depuis la salle de la Barca.
Page 58 : (en haut à gauche)
Plafond de la Salle des Ambassadeurs.
Page 59 :
Intérieur de la Salle des Ambassadeurs.
Page 62-63 : (en haut)
Vue générale de la Cour des Lions.
Page 66 :
Salle des Rois.
Page 76-77 :
Salle Tiède.
Page 98 :
Cour de l'Acequia et Pavillon nord.
Page 100-101 :
Cour de l'Acequia et Pavillon sud.
Page 103 :
Bassin central de la Cour de l'Acequia.
Page 216:
Façade de la Casa de los Tiros. Plafond de la Cuadra Dorada.

J. Voigtländer

Page 134:
Nef centrale et Choeur de la Cathédrale.
Pages 140, 142, 143 et 144 :
Reproductions des tableaux d'Alonso Cano de la Vie de la Vierge.
Pages 166, 167,168 et 169 :
Reproductions des tableaux du Musée de la Chapelle Royale.

Guido Montañés

Page 37 : (en haut à gauche)
Fossé de l'Alcazaba.
Page 37 : (en bas)
Porte des Armes.
Pages 47 : (en haut)
Détail de la Cour de Machuca.
Page 92-93 :
(à gauche, à droite et en bas)
Trois motifs du Généralife.
Page 96-97 : (au centre)
Vue des Nouveaux Jardins.
Page 97 : (à droite)
Huerta Colorá.
Page 107 :
Vue de l'Albaicin et de la Sierra Nevada.
Page 113 :
Le Sacromonte avec l'Alhambra et la ville au fond.
Page 130 : (en haut)
Vue générale de la Cathédrale.
Page 220 :
(Page de titre du chapitre de la Province). Pics du Mulhacen et de l'Alcazaba.
Page 221 :
(Page de titre du chapitre de la Province, deux photographies).
Village de Bubión, dans l'Alpujarra.
Pic du Trevenque.
Page 224 :
(L'Alpujarra). Village de Trevélez.
Vergers de l'Alpujarra en automne.
Fuente Agria.
Pages 226, 227, 228 et 229 :
(La Sierra Nevada).
Page 231 :
(La Côte). Récolte de la canne à sucre.
Page 234 et 235 :
La région de Guadix et l'Altiplano (plateau). Paysage argileux. Cheminée. Amandiers en fleurs. Barrage de Negratín. Maison-troglodyte.

Remerciements

Patronato de l'Alhambra et du Généralife.

Maison Diocésaine de Grenade.

Chapitre de la Cathédrale.

Chapitre de la Chapelle Royale.

Communauté Religieuse du Monastère San Jerónimo.

Communauté Religieuse du Couvent Santa Isabel la Real.

Fondation Rodríguez Acosta.

Les Services de la Culture de la Junta de Andalucía.

Mairie de Grenade.

Conseil Général de Grenade (Diputación).

Université de Grenade.

Dirección Murcia
Cruz de Piedra
Fajalauza
San Luis
Cuesta del Carril de S. Agustín
Camino de San Antonio
Campus Universitario de Cartuja
26
Pagés
Pl. Salvador 15
Panaderos
Agua
Pl. Larga
Cjón. S. Cecilio
16
Plaza S. Nicolás
C. Algibe Trillo
Plta. Minas
Cjón. Campanas
Cº. N. S. Nicolás
Cta. María de la Miel
Alg. Gato
21
Paseo de la Cartuja
Crtra. de Murcia
S. Antonio
Cuesta de
Mirador S. Cristobal
Cuesta de la Alhacaba
Agua
Plta. Nevot
Real de Cartuja
del
19
17
Ladrón
Tiña
Avenida
Parrado
22
18
Carril de la Lona
Pl. S. Miguel Bajo
Oidores
24
Acera de S. Ildelfonso
Cuesta del Zenete
San José
Avenida de Murcia
de
Cardenal
25
Avenida
Cruz
Avda. C. Moreno
23
de Quirós
Cta. Marañas
Circunvalación Todas las direcciones
Ancha de Capuchinos
Pl. del Triunfo
Calle
Avenida de
Pl. S. Isidro
Avda. D. Pastora
Hospicio
de Elvira
Madrid
Gran Vía de
Avenida
Santa Paula
M. de Falces
San Agustín
Constitución
San Juan de Dios
Pl. S. Agustín
Doctor Azpitarte
Doctor
la
San Jerónimo
de
Avenida
Pl. Universidad
Olóriz
Rector Marín Ocete
Dr. Severo Ochoa
Santa Bárbara
33
34
35
Rector López Argüerta
Calle Duquesa
Pl. Trinida
Gran
36
Fábrica Vieja
La Caleta
Avda. Andaluces
Pl. de los Lobos
Tablas
Avda. Andalucía
del Sur
Estación de Ferrocarriles
Capitán
Cisne
Faisán
Mirlo
Tórtola
Avenida Fuente Nueva
Carril del Picón
Pl. Gran Capitán
Obispo Hurtado
Gaviota
Melchor Almagro
Emperatriz Eugenia
Campus Universitario de Fuente Nueva
Circunvalación Todas las direcciones
Alondra
Goya
Trajano
Calle Gonzalo Gallas
Pl. Menor
Calle Pedro
Camino
Núñz
Méndez
Crtra. Purchil
Calle Arabial
Circunvalación Todas las direcciones